Dissertação sobre as paixões

Biblioteca Pólen

Para quem não quer confundir rigor com rigidez, é fértil considerar que a filosofia não é somente uma exclusividade desse competente e titulado técnico chamado filósofo. Nem sempre ela se apresentou em público revestida de trajes acadêmicos, cultivada em viveiros protetores contra o perigo da reflexão: a própria crítica da razão, de Kant, com todo o seu aparato tecnológico, visava, declaradamente, libertar os objetos da metafísica do "monopólio das Escolas".

O filosofar, desde a Antiguidade, tem acontecido na forma de fragmentos, poemas, diálogos, cartas, ensaios, confissões, meditações, paródias, peripatéticos passeios, acompanhados de infindável comentário, sempre recomeçado, e até os modelos mais clássicos de sistema (Espinosa com sua ética, Hegel com sua lógica, Fichte com sua doutrina-da-ciência) são atingidos nesse próprio estatuto sistemático pelo paradoxo constitutivo que os faz viver. Essa vitalidade da filosofia, em suas múltiplas formas, é denominador comum dos livros desta coleção, que não se pretende disciplinarmente filosófica, mas, justamente, portadora desses grãos de antidogmatismo que impedem o pensamento de enclausurar-se: um convite à liberdade e à alegria da reflexão.

Rubens Rodrigues Torres Filho

David Hume

DISSERTAÇÃO SOBRE AS PAIXÕES
seguido de
HISTÓRIA NATURAL DA RELIGIÃO

Tradução, introdução e notas
Pedro Paulo Pimenta

ILUMINURAS

Copyright © 2021 desta edição e tradução
Editora Iluminuras Ltda.

Coleção Biblioteca Pólen
Dirigida por Rubens Rodrigues Torres Filho e Márcio Suzuki

Títulos originais
Dissertations of the Passions, The Natural History of Religion

Capa
Eder Cardoso / Iluminuras
sobre projeto gráfico de Fê (*Estudio A Garatuja Amarela*)

Imagem de capa
Compression "Ricard", César (César Baldaccini), compressão de carro, [153 x 73 x 65 cm], 1962.
Cortesia Centro Pompidou Museu nacional de arte moderna, Paris, França.

Revisão
Monika Vibeskaia

CIP-BRASIL. CATALOGAÇÃO NA PUBLICAÇÃO
SINDICATO NACIONAL DOS EDITORES DE LIVROS, RJ
H91d

    Hume, David, 1711-1776
    Dissertação sobre as paixões seguido de História natural da religião / David Hume ; tradução, introdução e notas Pedro Paulo Pimenta. - 1. ed. - São Paulo : Iluminuras, 2021.
    132 p. ; 21 cm.

    Tradução de: Dissertations of the Passions ; The Natural History of Religion
    ISBN 978-65-5519-121-9

    1. Teologia natural - Obras anteriores a 1800. 2. Emoções - Obras anteriores a 1800. 3. Religião - Filosofia - Obras anteriores a 1800. I. Pimenta, Pedro Paulo. II. Título.

21-74413   CDD: 210
                   CDU: 2-1

Meri Gleice Rodrigues de Souza - Bibliotecária - CRB-7/6439

2021
EDITORA ILUMINURAS LTDA.
Rua Inácio Pereira da Rocha, 389 - 05432-011 - São Paulo - SP - Brasil
Tel. / Fax: 55 11 3031-6161
iluminuras@iluminuras.com.br
www.iluminuras.com.br

ÍNDICE

Uma anatomia das paixões, 9
Pedro Paulo Pimenta

Nota sobre a tradução, 27

Indicações de leitura, 28

Dissertação sobre as paixões, 29
    SEÇÃO I, 31
    SEÇÃO II, 37
    SEÇÃO III, 52
    SEÇÃO IV, 55
    SEÇÃO V, 59
    SEÇÃO VI, 61

História natural da religião, 67
    INTRODUÇÃO, 69
    SEÇÃO I, 70
        QUE O POLITEÍSMO FOI A PRIMEIRA RELIGIÃO DOS HOMENS

    SEÇÃO II, 74
        ORIGEM DO POLITEÍSMO

    SEÇÃO III, 77
        CONTINUAÇÃO DO MESMO TÓPICO

    SEÇÃO IV, 81
        QUE O POLITEÍSMO NÃO CONSIDERA AS DEIDADES COMO CRIADORAS OU FORMADORAS DO MUNDO

Seção V, 88
    Formas variadas de politeísmo: alegoria e culto heroico
Seção VI, 92
    Origem do teísmo no politeísmo
Seção VII, 97
    Confirmação dessa doutrina
Seção VIII, 99
    Fluxo e refluxo do politeísmo e do teísmo
Seção IX, 101
    Comparação dessas religiões, quanto a perseguição e tolerância
Seção X, 104
    Comparação dessas religiões, quanto a coragem e covardia
Seção XI, 106
    Comparação dessas religiões, quanto a razão e absurdo
Seção XII, 108
    Comparação dessas religiões, quanto a dúvida e convicção
Seção XIII, 121
    Concepções ímpias da natureza divina em ambos os gêneros de religião popular
Seção XIV, 125
    Influência nociva da religião popular na moral
Seção XV, 130
    Corolário geral

UMA ANATOMIA DAS PAIXÕES

Pedro Paulo Pimenta
Universidade de São Paulo

O presente volume é formado por textos aparentemente díspares: a *Dissertação sobre as paixões* e a *História natural da religião*. Ambos foram publicados por Hume em 1757, ao lado dos ensaios "Da tragédia" e "Do padrão do gosto", como *Quatro dissertações*. Título puramente descritivo, e pouco inspirado, que parece ter sido escolhido pelo autor na falta de outro melhor, e que sugere que o livro em questão seria desprovido de um fio condutor, diferentemente de outras obras de Hume. Ao contrário, o *Tratado da natureza humana* (1739-41), os *Ensaios morais, políticos e literários* (1741-1772), a *Investigação sobre o entendimento humano* (1748), a *Investigação sobre os princípios da moral* (1751), e os *Diálogos sobre religião natural* (1779), são escritos que trazem em seu frontispício um título que indica claramente o objeto da obra e sugerem o método nela adotado. Na edição das obras reunidas de Hume supervisionada pelo autor (publicada em 1758, revista pela última vez em 1772), as *Quatro dissertações* são desmembradas, num gesto que parece confirmar a falta de unidade entre elas: as sobre a tragédia e sobre o gosto se tornam ensaios, e são inseridas junto a outras peças do mesmo gênero, enquanto a *História natural da religião* e a *Dissertação sobre as paixões* são colocadas, nessa ordem, entre as investigações sobre o entendimento e sobre a moral.

Este último arranjo permite vislumbrar uma conexão entre as duas peças, se lembrarmos que na mesma edição de suas obras o filósofo suprime o *Tratado* e declara ao leitor que desconsidere seu livro de estreia, cujas doutrinas estariam exprimidas com mais propriedade na coletânea em questão. Com isso, Hume dá a entender que a primeira investigação corresponderia ao livro I do Tratado, do entendimento, a segunda, ao livro III, dos sentimentos, e os escritos intermediários, ao livro II, das paixões. Quanto aos *Ensaios*, seriam o desenvolvimento, prometido em nota introdutória ao *Tratado*, daquelas ciências — a moral, a política, a crítica — cujas fundações são deitadas pelos escritos precedentes. A ideia de que a *História natural* e a *Dissertação* corresponderiam ao livro II do *Tratado* é reforçada também pela decisão recente dos organizadores das obras filosóficas de Hume, pela Clarendon Press, de oferecer ambos os escritos num mesmo volume, indicando uma unidade ou pelo menos uma afinidade entre eles. Em meu entender, essa unidade de fato existe, e se apresenta em três planos: temático — as paixões; metodológico — o raciocínio experimental; conceitual — a ideia de identidade pessoal. Fica clara, assim, a ambição de Hume de instituir uma disciplina imanente das paixões, em contraposição à ideia de que elas teriam de ser reguladas por uma instância externa, qualitativamente distinta da afecção sensível. Ao romper com esse preceito, sua filosofia se projeta para além dos limites da razão clássica.

1. As paixões

A primeira coisa que salta aos olhos para um leitor do *Tratado* que examine em conjunto, mesmo que superficialmente, a *Dissertação sobre as paixões* e a *História natural da religião*, é que a nova abordagem das paixões proposta por Hume padece de certo desequilíbrio formal. O livro II do *Tratado* é um texto dotado de nítida unidade, e pode ser lido sem dificuldade por quem quer que tenha compreendido bem o exposto nas seis primeiras seções de sua primeira parte. Tudo o que se segue decorre do ali estabelecido, e forma uma argumentação concisa e bem montada, exposta de modo ainda mais simples e direto que a do livro I, dedicado ao entendimento e às voltas com árduas doutrinas metafísicas (ou, pior ainda, escolásticas). A *Dissertação* leva essa concisão ao ponto da brevidade, altera a ordem de exposição dos tópicos, cola amplas passagens do *Tratado*, ao mesmo tempo em que suprime outras, dentre as quais contam algumas das mais importantes e interessantes. Na edição de 1758 das obras de Hume, a *Dissertação* vinha depois da *História natural*, como se expusesse o mecanismo que opera na produção dos sentimentos religiosos, processo que constitui o objeto deste último escrito. Na edição crítica, Tom Beauchamp sabiamente inverteu essa ordem, de modo que agora o leitor é introduzido na mecânica das paixões, e, uma vez instruído em seus princípios — que são em número extremamente reduzido —, passa a acompanhar sua atuação em meio às circunstâncias (históricas) que condicionam seu efeito na experiência humana. Essa inversão de perspectiva é preciosa, pois, além de seguir uma ordem analítica, apresentando primeiro os princípios, depois seu modo de operação, evita o estranhamento, senão o choque, que o tom irreverente da *História natural* tende a causar em leitores do século XXI, pouco acostumados ao livre-pensar das Luzes, que se equilibra entre o dogmatismo fanático das religiões monoteístas e aquele, não tão nocivo, mas nem por isso menos taxativo, dos ateus doutrinários.

Mas essa ligação entre as duas obras não é suficiente para desfazer a impressão de que algo que antes era dado como um quadro se tornou um complexo quebra-cabeças, de duas peças que à primeira vista não se encaixam tão perfeitamente como as partes da argumentação do livro II sobre as paixões; e, mesmo que o leitor consiga montá-lo, a imagem resultante poderá não parecer tão clara como o oferecido pelo *Tratado*. Na leitura da *Dissertação* e da *História natural*, numerosas questões permanecem em aberto, outras tantas sequer chegam a ser colocadas, muitas afirmações carecem de explicação. Mas essas lacunas e aparentes imperfeições — estranhas, na pena de um escritor perfeccionista como Hume — talvez sejam justificadas, supondo-se que as paixões seriam um o objeto ainda mais complexo do as páginas do *Tratado* dão a entender, principalmente no que se refere às consequências de sua mecânica para a constituição da experiência. É algo que o jovem cético sugerira em 1739, mas provavelmente de modo muito indireto para que o leitor, entretido pelos meandros de uma filosofia profunda, pudesse se dar conta de que estava às voltas com um preâmbulo à mais severa crítica da religião — que Hume começa a tornar explícita já no genial ensaio "De superstição e entusiasmo", publicado em 1741, que vincula as paixões à dinâmica dos sentimentos religiosos e estes, por sua vez, às tendências políticas da autoridade excessiva, de um lado, e da liberdade desenfreada, de outro. A análise das paixões conduziria assim à ciência política, perspectiva a partir da qual elas serão integradas à narrativa histórica da experiência concreta dos homens (como faz Hume em sua *História da Inglaterra*, publicada em seis volumes entre 1754-1762).

A crítica da religião empreendida na *História natural* retoma também uma outra questão, posta no ensaio "Dos milagres", publicado em 1748 como parte dos *Ensaios filosóficos sobre o entendimento humano* (posteriormente, *Investigação*). Admitidos os milagres, como querem os cristãos, e, com eles, filósofos da tarimba de um Locke, como fica a regularidade dos fenômenos da experiência e a uniformidade pressuposta nesta pela imaginação? Ora, é evidente, pela leitura dos *Ensaios filosóficos*, que a noção humiana de causalidade não poderia acomodar eventos excepcionais que violam a marcha regular da experiência; assim, só resta explicar a crença nos milagres a partir de uma fraqueza do espírito humano. É o que faz a *História natural*, ao mostrar que em sociedades que se encontram em estágios incipientes de solidez das instituições políticas e de refinamento das artes e maneiras, a mente humana procede como que por saltos, e, em vez de tentar unificar a multiplicidade dos fenômenos a partir de uns poucos princípios, pressupondo uma economia da natureza, atribui os eventos do mundo natural ao agenciamento de uma multidão de deidades invisíveis. Existe aí certa concepção de causa e efeito; mas é uma concepção incipiente, produzida pela atuação direta, no molde da natureza humana, das paixões mais intensas, como a ansiedade, o medo, o terror. O politeísmo, declara Hume, é a primeira religião; e o monoteísmo, longe de constituir uma religião derivada da razão, é uma sofisticação da superstição primitiva, ou a legitimação, pela razão, de uma crença de origem irracional.

2. O MÉTODO EXPERIMENTAL

Desde seu subtítulo — "uma tentativa de introduzir o raciocínio experimental em assuntos morais" — o *Tratado da natureza humana* faz profissão de fé newtoniana. Para Hume, está em questão aplicar, com os devidos ajustes e adaptações, a generalização por inferência, a partir da análise de casos na experiência, tal como formulada por Newton no terceiro de seus *Princípios* (1677). Em poucas partes do *Tratado* essa aplicação é tão explícita e tão bem-sucedida como no livro dedicado às paixões. Como observa Hume logo nas primeiras seções, seria um naturalista desastrado o que multiplicasse os princípios desnecessariamente, observação que vale para o "anatomista das paixões", às voltas com esses efeitos produzidos por um fenômeno, a afecção dos órgãos dos sentidos, cuja mecânica escapa de sua alçada e compete ao anatomista e fisiologista explicar. Como bom newtoniano, o moralista humiano se detém nos efeitos, e, sem buscar por causas inexplicáveis — a mecânica que leva à transmissão de uma qualidade de um objeto para um órgão do sentido, que é parte de um sistema nervoso que conduz essas impressões até a imaginação, que as trata como ideias —, observa atentamente as relações entre ideias produzidas a partir da maior ou menor intensidade com que a imaginação humana é afetada na experiência cotidiana.

Essa mesma convicção é reiterada na *Dissertação*, que, de tão seca, poderia ser confundida com um artigo científico, onde se encontram expostos os resultados de experimentos cuidadosamente realizados pelo filósofo moral. As descrições e metáforas utilizadas por Hume evocam não somente a física, como também a anatomia, a fisiologia e mesmo a química. Com essas analogias e aproximações, o leitor adquire uma noção precisa de como o método experimental opera nos domínios da moral, e sob esse aspecto, a *Dissertação* não deixa de ser uma peça de virtuosismo, que mostra toda a destreza de Hume na abordagem de um objeto espinhoso, arredio a generalizações, e de sua habilidade a precisão na apresentação dos resultados obtidos (algo de que o filósofo se orgulha no derradeiro parágrafo do texto).

Contudo, os princípios gerais das paixões estão longe de dar conta da complexidade desse objeto. Pois, diferentemente do que ocorre com as especulações do entendimento, que são a base de toda metafísica (e há em Hume uma boa e uma má metafísica, uma metafísica experimental e uma metafísica feita de hipóteses inverificáveis), a mecânica das paixões determina nada menos que o posicionamento do ser humano em meio à experiência. Pois uma paixão é uma reação que as mulheres e os homens, dada sua conformação orgânica específica, têm frente a objetos que os afetam; essa reação pode ser moderada ou violenta, refletida ou impensada, e dessas maneiras de responder a estímulos externos depende o teor das ações de cada um e, por conseguinte, o alcance e a influência dessas ações sobre os outros. Nada mostra isso tão bem como o fenômeno religioso, produto de uma reação intensa dos seres humanos frente a fenômenos naturais, como tremores de terra, enchentes, maremotos, erupções de vulcões, tempestades etc., que parecem ameaçar a integridade de indivíduos e grupos inteiros, mas que os indivíduos, desprovidos da ferramenta da filosofia natural, não têm como explicar, a não ser recorrendo a entidades invisíveis, a deidades cujo capricho controlaria seu destino e sorte à sua revelia, e às quais teriam de prestar reverência.

Na análise desse fenômeno, Hume é implacável: reduz o monoteísmo, em que outros irão encontrar uma "religião racional", a uma consequência distorcida e tardia da religião primeira dos homens, que é o politeísmo. Nessa reconstituição, auxiliado apenas parcialmente pelos documentos da história — a religião surge junto a povos ignorantes e iletrados — Hume recorre à conjectura; e o faz a partir de uma análise de como as paixões atuam na experiência concreta, identificando o condicionamento de seus efeitos pelas mais diversas circunstâncias particulares. Daí o título da obra: se a religião deve ser objeto de uma história natural, e não de uma física, é por ser um fenômeno que, diferentemente da mecânica das paixões pura e simples, não se deixa compreender unicamente a partir de princípios gerais. Por certo, é destes que o anatomista parte, mas não descuida, ao mesmo tempo, de observar as relações entre a natureza humana e as circunstâncias que a condicionam em sua interação com a experiência — na qual se entrecruzam variáveis próprias do mundo natural e outras, incidentes à vida em sociedade. Esse complexo de condições exigirá do filósofo-naturalista atenção redobrada na observação dos fenômenos e cuidado especial em sua sistematização. Ele deve estar ciente das possibilidades e limites de seu procedimento científico, sem tomá-lo como um *a priori* a que a experiência teria de se conformar a todo custo. Isso explica porque a análise das paixões, quando projetada na experiência, produz resultados seguros, no que se refere à compreensão da mecânica destas, porém inconclusivos, quanto aos produtos que tal mecânica haverá de engendrar: assim como o conhecimento do passado e do presente é restrito, o do futuro depende de circunstâncias que estão por ser dadas e apenas em parte podem ser previstas. A ciência moral é tão rigorosa quanto a natural; mas nem por isso é tão segura quanto ela.

3. O FILÓSOFO, O ANATOMISTA E O PINTOR

Nas páginas finais do livro III do *Tratado*, Hume tece uma comparação entre o *métier* do filósofo e o do pintor. Esse símile é retomado com algumas nuances na primeira seção da *Investigação sobre o entendimento*. O problema a que ele se refere poderia ser resumido nos seguintes termos. Assim como um pintor que violasse os princípios da arte e desconsiderasse, na composição de suas figuras, as leis particulares da anatomia humana e o modo de aplicá-las a objetos representados em espaço bidimensional da tela de acordo com as regras da perspectiva, também o filósofo que propusesse um quadro da moral humana a partir de uma simples descrição das maneiras e costumes dos homens em sociedade, sem levar em consideração a estrutura de que decorrem os princípios subjacentes a esses comportamentos, ofereceria uma representação distorcida de seu objeto. Isso sugere muitas coisas: que o estudo preliminar é indispensável à execução de um quadro, pictórico ou verbal; que as imagens belas, nos quadros ou nos tratados dos filósofos, só são consideradas enquanto tais por serem verossímeis ou terem um princípio artístico de composição que dá a conhecer um original; que o sentimento de aprovação ou reprovação que se experimenta ao contemplar tais imagens se torna mais robusto, se for acompanhado do conhecimento dos princípios de sua composição; etc. Mas, talvez mais importante seja a ideia da filosofia como arte, que alia precisão na investigação e rigor no estudo à elegância na exposição dos resultados. Um bom moralista deve agradar; e, ao agradar, deve instruir, mas de tal modo a imprimir, com impressões fortes e nítidas, de ideia e de encadeamentos de raciocínios, uma ciência dos caracteres humanos. Para tanto, ele tem de ser, como foram todos os grandes pintores, além de um desenhista perfeito, também um anatomista exímio.

Com isso, não estamos distantes do ideal de uma ciência a um só tempo rigorosa e elegante, como é a Física de Newton. Com uma diferença, porém: a Anatomia é uma ciência baseada na observação de elementos particulares ou específicos, de circunstâncias e detalhes que permitem diferenciar os seres mais similares entre si. O anatomista é um homem cauteloso, que generaliza, por certo, que propõe critérios de classificação dos seres vivos e de sua organização num sistema, mas que está ciente de que essas generalizações, embora muito úteis, são provisórias, e apenas imperfeitamente se referem a percepções particulares. Quem diz "carvalho" tem sempre em mente uma ideia concreta, que não é a mesma na cabeça de quem ouve ou lê essa palavra; isso não impede que as pessoas se entendam perfeitamente bem a respeito das propriedades comuns a todos os indivíduos que possam ser incluídos sob essa designação geral (a taxonomia não é mais do que o uso metódico das famigeradas ideias abstratas, que Hume reduz a termos gerais — *Tratado*, I.1.7). Portanto, além de rigorosa, a Anatomia é também uma ciência que, por estar baseada na observação, tem de refletir a cada instante acerca do modo como ela mesma produz um conhecimento geral.

É uma lição preciosa para a filosofia, e Hume não hesitará em extrair um ensinamento complementar. Se a *Dissertação sobre as paixões* pode ser lida como hábil aplicação do método experimental aos domínios da moral, e, portanto, como anatomia das paixões, a *História natural da religião* identifica na anatomia como ciência empírica um pretexto, não necessariamente legítimo, para que a mente humana se lance em especulações que transcendem os domínios da experiência. Com efeito, a "estrutura secreta dos corpos" parece fornecer um motivo irrecusável para admissão das "belas causas finais", elevando a crença religiosa que surge junto ao "vulgo ignorante" ao patamar de uma *religião natural*, baseada no raciocínio, apanágio de homens letrados e doutos. Os escritos de Hume sobre as paixões reenviam assim à devastadora crítica da religião natural empreendida nos *Diálogos sobre religião natural*, publicados postumamente em 1779, onde a crítica analogia, a partir do questionamento cético do adágio *like effects, like causes*, põe abaixo a ilusão de uma religião racional desvinculada das paixões. Ao contrário, é nestas que o sentimento de uma divindade se enraíza; reconhecê-lo, adverte Hume, é o primeiro passo para conter os desoladores efeitos que as religiões monoteístas produzem na sociedade humana.

4. Identidade pessoal

Uma das seções mais difíceis e mais discutidas do *Tratado da natureza humana* diz respeito à identidade pessoal (I.4.6). A dificuldade do texto remonta à origem desse tópico e dos conceitos empregados para discuti-lo. Hume se refere indiretamente a um texto prévio de Locke (*Ensaio sobre o entendimento humano*, 1704, II.27.9); discute, de modo um tanto oblíquo, certas noções colocadas por Leibniz em referência ao conceito de substância (*Monadologia*, 1701); e remete diretamente ao escrito de Shaftesbury dedicado à unidade das formas orgânicas (*Os moralistas, ou uma rapsódia filosófica*, 1711). Para compreender a argumentação de Hume, é recomendável que o leitor tenha em mente essas referências; mas isso não é suficiente. É preciso ainda ter fôlego, para acompanhar a tortuosa refutação que o filósofo empreende da noção de *self*, ou *eu*, de um ponto de vista exclusivamente metafísico (isto é, sem qualquer referência à moral). Uma vez superadas essas dificuldades, ficará claro que, no empirismo de Hume, a ideia de identidade é problemática, por estar vinculada às noções de simplicidade e permanência, que se aplicam mal às percepções; e, utilizada para indivíduos, é falsa, pois atribui a meros agregados de percepções um caráter sistemático (ou orgânico) que existe apenas na imaginação. Como produto desta, a ideia de *identidade pessoal* é uma *ficção*, quiçá necessária, por ser útil na vida comum, e também inevitável, por ser engendrada pelos princípios de associação de ideias que pautam o uso da imaginação.

Não bastassem a complexidade da questão e a profundidade do argumento mobilizado para resolvê-la, há uma dificuldade adicional, posta pelo próprio Hume, com a qual os intérpretes do *Tratado* terão de se haver, sem chegar propriamente a um consenso. Ela consiste na afirmação, feita nas primeiras páginas do livro II, dedicado às paixões, de que a ideia de *self*, ou de *eu*, e, portanto, a ideia de uma identidade pessoal que permanece invariável no tempo e no espaço, tem um correlato na experiência, mais precisamente nas paixões, que, como efeitos das sensações que os homens experimentam na afecção dos órgãos dos sentidos, produzem tal ideia. A ideia de *self* adquire assim tem uma *realidade*, atestada por uma evidência irrecusável, que prescinde de demonstração e está ao abrigo de toda dúvida: *self* é o *objeto* das paixões, espécie de referência para a qual elas convergem, e através da qual são ordenadas num sistema valorativo (constituído pelos polos positivo/negativo, vinculados ao prazer/desprazer), referência graças à qual servem como mola para a ação volitiva.

Com isso, adquire realidade, de um ponto de vista moral, uma ideia que, no terreno da metafísica, fora rechaçada. Esse aparente paradoxo se explica: é que a abordagem metafísica de uma questão como essa se dá por via do raciocínio, que a justifica ou então a questiona. Já a abordagem moral depara com uma evidência empírica, que não poderia ser desmentida pelo ceticismo da razão e tampouco vinculada a uma doutrina da substância. A ideia de um eu não é fixa: dada a cada instante na experiência, é reiterada por esta, assim como pode se perder, caso a atuação das paixões na sensibilidade seja tão forte que coloque a imaginação a reboque dos objetos e não permita que esta os avalie e os classifique num sistema valorativo. Estritamente falando, não há identidade pessoal: tudo o que existe são pessoas, que no transcorrer da experiência permanecem ou não idênticas a si mesmas.

Na *Dissertação sobre as paixões* essa espécie de egoísmo, embora continue a ocupar um lugar central no argumento, não aparece desde o início, como no livro II do *Tratado*. Ao longo da segunda seção da *Dissertação*, a ideia de um eu como referência natural das paixões é reiterada, mas, à diferença do *Tratado*, não se trata mais de um princípio a partir do qual a doutrina inteira da afecção passional poderia ser compreendida. Tudo se passa como se agora o eu se encontrasse em meio às paixões, que não necessariamente convergem para ele como um ponto de fuga: sugerem-no, sem colocá-lo concretamente. Contudo, parece-me que essa mudança de ênfase não necessariamente indica uma mudança de posição; pode ser interpretada como uma mudança de estratégia. Enquanto o livro II do *Tratado* vincula a compreensão da mecânica das paixões a uma dinâmica da *constituição* do eu por essas mesmas paixões, a *Dissertação* isola a mecânica das paixões e deixa à *História natural da religião* a tarefa de mostrar como o processo de *desintegração* do eu acontece na experiência, tomando a origem do sentimento religioso como *locus* privilegiado desse fenômeno verdadeiramente assombroso. Em outras palavras, se o *Tratado* acentuava a força da ideia de identidade, a *História natural* lança luz sobre a fragilidade dessa mesma ideia. É um texto crítico, que alerta os leitores para que se previnam contra a força impositiva própria das noções religiosas — dados os fenômenos assustadores que elas vêm explicar, e tendo em vista o interesse secular da classe sacerdotal que as promove e dissemina (recorrendo, como ressalta Hume, aos métodos que se conhece na história).

5. Uma disciplina imanente das paixões

Compreende-se agora porque, no plano das *Quatro dissertações*, as duas peças que constituem o presente volume eram seguidas por uma dedicada ao gosto, outra à tragédia: é que Hume, em consonância com o melhor espírito crítico de seu tempo, encontra nas produções da arte humana direcionadas ao cultivo do gosto, ou sentimento de prazer e desprazer, o melhor antídoto contra a violência com que as concepções de uma dimensão invisível da realidade, paralela ao mundo da experiência, com regras próprias, se impõem à imaginação. Num precioso ensaio dedicado à "Delicadeza de gosto e de paixão" (1741), o filósofo observa que o cultivo do gosto, pela apreciação das obras da poesia e da pintura, oferece um contraponto à delicadeza excessiva com que a sensibilidade se apresenta em algumas pessoas, tornando-as reféns potenciais da investida daqueles poderes que se apresentam como mediadores entre o homem e o sobrenatural. A religião ameaça o eu, a arte oferece a regra mais certa para sua constituição e manutenção, protegendo-o, inclusive, contra essa mesma ameaça.

Essa abordagem afasta Hume da tradição que, na Modernidade filosófica, encontra nas paixões um elemento a ser extirpado, na medida do possível, da conduta humana (pensamos aqui em Descartes, mas também em Locke). Seu alerta para o poder de desintegração do eu inscrito na violência da experiência passional é, ao mesmo tempo, uma celebração tácita das virtudes terapêuticas das artes, que atuam no domínio das sensações de modo a regrar as paixões e, inserindo-as numa ordem, humanizá-las, isto é, adequá-las à conformação própria da natureza humana, dispô-las de acordo com o feitio da imaginação, propiciando o bom uso desta, de modo que o campo da experiência pode ser regrado, e constituído como um domínio coerente e uniforme.

Nessa medida, a *Dissertação sobre as paixões* e a *História natural da religião* se inscrevem numa tradição literária e artística que remonta ao século XVII, descrito por Auerbach como a época do "culto das paixões". Na tragédia de Racine ou de Corneille, na comédia de Molière, nas sátiras de La Fontaine, na pintura de Poussin, em suma, nos grandes monumentos do grande século de Luís XIV, um mesmo motivo unificador: a disciplina imanente das paixões, pelo seu exame, pelo trato com elas, por seu cultivo, pela compreensão e domínio de sua mecânica, pela canalização de sua força para a razão, algo muito diferente de pregar sua condenação e supressão. Esse mesmo espírito vive nas obras de Hume que recomendam o cultivo das paixões pela arte humana, ao apontar para as nefastas consequências de deixá-las a si mesmas. Para chegar à razão, não é necessário suprimir ou restringir as afecções sensíveis. Tanto a *Dissertação sobre as paixões* quanto a *História natural da religião* definem a razão como paixão tranquila: produto da sensação, não princípio à parte, que se contrapõe a ela. Essa concepção faz de Hume um herdeiro de Racine; mas é uma herança que ele adapta ao Século das Luzes, em que a Filosofia Natural de Newton fornece o fio condutor para uma filosofia e uma crítica mais justas. Isso explica o tom seco e direto da *Dissertação*, o tom irônico e cortante da *História natural*; e explica também o estilo límpido da prosa humiana, que confia na sensibilidade equilibrada de seu leitor.

6. O NORMAL E O PATOLÓGICO

Uma das contribuições mais originais de Hume para a filosofia moderna foi ter suprimido o hiato entre as paixões e a razão. Isso acarreta pelo menos duas consequências.

1) Se, como afirmam a *Dissertação* e a *História natural*, a razão é uma paixão tranquila, ou, como dizem o *Tratado* e os *Diálogos*, ela é um instinto da natureza humana, segue-se que essa "faculdade" não tem competência para a especulação, ou melhor, que toda especulação para além da sensibilidade é pura ficção — e, enquanto tal, deve ser avaliada pela reflexão crítica, que decidirá de sua utilidade ou frivolidade, comparando-a às necessidades dadas na experiência humana. Assim, a ideia de eu é uma ficção útil, pois sem ela a própria mecânica das paixões seria inconcebível; é questionável, por outro lado, que a ideia de um ser supremo tenha uma utilidade assim tão irrecusável. Essa consequência negativa será deplorada pelos filósofos de perfil racionalista, e por bons motivos: ela priva a razão de seus direitos mais consagrados pela tradição, e a reduz a um cálculo, complementar ao sentimento de prazer e desprazer, ao discernimento do justo e do injusto.

2) Essa operação restritiva tem uma contraparte positiva. Do fato mesmo de a razão estar nivelada às paixões, e definir-se em relação a elas, segue-se que a disciplina destas oferece, ao mesmo tempo, a possibilidade de regulação do uso daquela. É verdade que para raciocinar bem, não basta ler poesia, frequentar o teatro, ir aos salões de pintura, e participar da boa conversação; mas é certo que, para Hume, tudo isso é condição *sine qua non* do bom raciocínio, na medida em que o desfrute do belo e do

agradável exige consideração e reflexão, ou um raciocínio que se desenrola no bojo da experiência sensível e depende, para tanto, do sentimento da vinculação justa entre ideias na imaginação. Isso não pode ocorrer em meio ao tumulto das paixões mais violentas, tampouco no estado sedado da especulação racional mais abstrusa. Apenas uma paixão calma poderá propiciar ao matemático a verdadeira dimensão e alcance de sua ciência, ao físico, uma noção adequada das condições de aplicação de suas equações, e assim por diante. Em suma, apenas num século em que o gosto é cultivado as ciências podem adquirir a consciência de sua estatura e do papel que lhes cabe na tarefa de aprimorar a natureza humana, servindo, ao lado das artes, como antídoto ao fanatismo. Entregues a si mesmas, as paixões produzem o entusiasmo e a superstição; isolada das paixões, a razão se desnatura, perverte a imaginação, e afasta-se da natureza humana. Entre o normal e o patológico, a diferença é de grau, não de qualidade.

São Paulo, bairro da Liberdade

Nota sobre a tradução

A presente tradução segue os textos estabelecidos por Tom Beauchamp a partir da edição de 1772 (*A dissertation on passions and The natural history of religion*. Oxford: Clarendon Press, 2007). Consultei ainda a edição de Wayne Colver, "The natural history of religion", baseada no texto de 1777 (In: Hume, *The natural history of religion and Dialogues concerning natural religion*, Oxford: Clarendon Press, 1976). No caso de algumas pequenas variantes, não assinaladas, segui Colver em detrimento de Beauchamp. Encontrei soluções valiosas junto às traduções francesas: *Dissertation sur les passions et Des passions*, por Jean-Pierre Cléro (Paris: Flammarion, 1991), e *Histoire naturelle de la religion, suivi d'autres essais*, por Michel Malherbe (Paris: Vrin, 1989).

Indicações de leitura

Bons complementos a este volume são o *Tratado da natureza humana* (tradução Déborah Danowski, 2ª edição, São Paulo: Unesp, 2013), os ensaios reunidos em *A arte de escrever ensaio* (tradução Márcio Suzuki e Pedro Pimenta, São Paulo: Iluminuras, 2011), a coletânea de passagens *História da Inglaterra* (2ª edição, Unesp, 2014); e por fim, os *Diálogos sobre a religião natural* (tradução Álvaro Nunes, Lisboa: Edições 70, 2005).A melhor introdução ao pensamento de Hume continua sendo Gilles Deleuze, *Empirismo e subjetividade* (tradução Luiz Orlandi, São Paulo: Editora 34, 2000). Sobre as paixões, vale consultar, entre outros: P. S. Ardal, *Passion and value in Hume's Treatise* (2ª ed., Edimburgo: Edinburgh University Press, 1989); Erich Auerbach, *Ensaios de literatura ocidental,* (tradução Samuel Titan Jr. e José Marcos Mariani de Macedo, São Paulo, Editora 34, 2012) Annete Baier, *A progress of sentiments* (Cambridge: Harvard University Press, 1991); Olivier Brunet, *Philosophie et esthétique chez David Hume* (Paris: A. G. Nizet, 1965); Jean-Pierre Cléro, *Hume. Une philosophie des contradictions* (Paris: Vrin, 1999); Marina Frasca-Spada, *Space and the self in Hume's Treatise* (Cambridge: University Press, 1998); Eleonore Le Jallé, *Hume et la régulation morale* (Paris: PUF, 2004).

DISSERTAÇÃO SOBRE AS PAIXÕES

Seção I

§ 1. Alguns objetos produzem em nós, pela estrutura original de nossos órgãos, uma sensação imediatamente agradável, e por isso chamam-se BONS; assim como outros, que produzem uma sensação imediatamente desagradável, chamam-se MAUS. O calor moderado é agradável e bom; o calor excessivo é doloroso e mau.

Outros objetos, naturalmente conformes à paixão ou contrários a ela, excitam uma sensação agradável ou dolorosa, e por isso também chamam-se *bons* ou *maus*. A punição de um adversário gratifica a vingança e é boa; a doença de um companheiro afeta a amizade e é má.

§ 2. Todo bem e todo mal, não importa sua origem, produz variadas paixões e afecções, de acordo com a luz em que seja considerado.

Um bem certo ou muito provável produz ALEGRIA; um mal certo desperta ANGÚSTIA OU PESAR.

Um bem ou mal incerto desperta ESPERANÇA OU MEDO; tudo depende do grau de incerteza, se é maior de um lado ou de outro.

O DESEJO desperta da mera consideração do bem; a AVERSÃO, da mera consideração do mal. A VONTADE é exercida quando a presença de um bem ou a ausência de um mal depende de uma ação da mente, ou corpo.

§ 3. Dentre essas paixões, nenhuma parece conter algo de curioso ou notável, exceto pelo *medo* e a *esperança*, que derivam da probabilidade de um mal ou de um bem, e são, por isso, paixões mistas, que merecem nossa atenção.

A probabilidade depende de uma oposição de eventualidades ou causas contrárias que não permita à mente se deter num dos lados, e, agitando-a incessantemente de um lado para o outro, determine-a, num momento, a considerar o objeto como existente, e, no outro, como inexistente. A imaginação ou entendimento, chamai como quiserdes, oscila entre perspectivas opostas, e ainda que se incline mais por um lado do que pelo outro, não consegue, em razão da oposição entre causas ou eventualidades, decidir-se por um deles: os *prós* e os *contras* prevalecem cada um por seu turno. No exame de objetos com causas opostas, a mente encontra uma contrariedade destrutiva de toda certeza e opinião estabelecida.

Suponha-se agora que o objeto acerca do qual estamos em dúvida produza desejo ou aversão: é evidente que a mente, inclinando-se por um lado ou pelo outro, terá uma impressão imediata de alegria ou pesar. Um objeto cuja existência desejamos propicia satisfação quando pensamos nas causas que o produzem, gera angústia e desconforto quando da consideração oposta. E, assim como o entendimento, diante de probabilidades, se divide entre pontos de vista contrários, também o coração, diante delas, se divide entre emoções opostas.

Se observarmos a mente humana, veremos que no que diz respeito às paixões ela não é tanto como um instrumento de sopro que permite percorrer todas as notas emitindo-se sons através da respiração quanto como um instrumento de cordas que tocadas produzem uma vibração sonora cuja intensidade diminui de maneira gradual e insensível. A imaginação é rápida e ágil ao extremo; as paixões, em comparação, são vagarosas e lentas. Por essa razão, quando um mesmo objeto se apresenta à imaginação e às paixões e oferece diferentes perspectivas a uma e variadas emoções à outra, a fantasia muda de perspectiva com grande celeridade, mas cada uma das paixões se mistura às demais e se confunde com elas, pois as incidências não produzem notas de paixão claras e distintas.

Sendo assim, o predomínio, na composição, de uma paixão como a angústia ou como a alegria depende do que é mais provável, se o bem ou o mal, que, misturado a perspectivas contrárias da imaginação, produz, por união, as paixões da esperança ou do medo.

§ 4. Como essa teoria parece ser evidente por si mesma, seremos breves em suas provas.

As paixões da esperança e do medo podem surgir mesmo que as chances sejam as mesmas em ambos os lados e não se mostre nenhuma superioridade de um em relação ao outro. Numa situação como essa, as paixões serão tão mais fortes quanto mais exígua for a fundação em que a mente se baseia e maior a incerteza que a agita. Acrescentai um grau superior de probabilidade do lado da angústia e vereis que a paixão se difunde imediatamente por toda a composição, dando-lhe a tintura do medo. Aumentai a probabilidade, e, por decorrência, a angústia, e o medo se tornará ainda mais predominante, transformando-se insensivelmente em pura angústia, ao passo que a alegria declina inexoravelmente. Se, após tê-lo trazido a esse nível, diminuíres a angústia com uma operação contrária àquela que a aumentou, ou seja, diminuindo a probabilidade no lado da melancolia, vereis a paixão com clareza a cada instante de sua insensível transformação em esperança. Esta, por sua vez, transformar-se-á lenta e gradualmente em alegria, à medida que aumentares essa parte da composição pelo aumento da sua probabilidade. E não teríeis uma prova clara de que as paixões da esperança e do medo são misturas de angústia e alegria, se quando diminuis ou aumentais a quantidade de uma delas constatais o predomínio proporcional da outra na composição, assim como na ótica, filtrando-se os raios de sol pelo prisma, fica provado que são compostos por dois raios diferentes?

§ 5. Há dois gêneros de probabilidade: ou o objeto é em si mesmo incerto, a ser determinado por uma eventualidade, ou, embora seja certo em si mesmo, é incerto para o nosso juízo, que encontra provas ou suposições em ambos os lados. Os dois gêneros de probabilidade causam esperança e medo, paixões que procedem da incerteza e da oscilação infundidas na paixão pelas probabilidades, que oferecem perspectivas reciprocamente contraditórias.

§ 6. A causa de um bem ou mal provável costuma ser a esperança ou o medo, pois a probabilidade, que produz um exame inconstante e oscilante do objeto, naturalmente ocasiona na paixão uma mesma mistura e incerteza. Podemos observar, porém, que quando outras causas produzem essa mistura, as paixões da esperança e do medo são despertadas, mesmo que não haja probabilidade de um bem ou de um mal.

Um mal que concebemos apenas como *possível* pode produzir medo, especialmente se for muito grande. Um homem que pensa numa dor excessiva ou torturante não pode deixar de sentir receio, diante do menor risco de se ver exposto a ela. A probabilidade é pequena, mas o mal é grande.

Mesmo males *impossíveis* causam medo, como quando trememos à beira de um precipício, sabendo-nos perfeitamente seguros e tendo decidido não dar um passo à frente. A presença imediata do mal influencia a imaginação e produz uma espécie de crença, que se retrai diante da oposição de uma reflexão sobre nossa segurança; isso causa uma paixão de gênero contrário, como na produção de paixões contrárias por circunstâncias contrárias.

Males *inevitáveis* podem ter o efeito de males possíveis ou impossíveis. Um homem que foi condenado à morte e não tem como escapar da prisão treme ao pensar na forca, sua sentença. Esse mal é em si mesmo fixo; mas, como a mente não tem coragem de se fixar nele, oscila, e a oscilação desperta uma paixão similar ao medo.

§ 7. Medo e esperança despertam não apenas quando há um bem ou mal de *existência* incerta, mas também quando o *gênero* é incerto. Quando se comunica a uma pessoa a notícia de que um de seus filhos morreu, a paixão ocasionada por esse evento só se consolida em angústia quando a pessoa vem a saber qual de seus filhos ela perdeu. Ambos os lados produzem a mesma paixão; mas esta só se consolida quando recebe da imaginação, que não é fixa, um movimento trêmulo e instável, semelhante à mistura ou conflito entre angústia e alegria.

§ 8. Por isso, incertezas de todo gênero têm uma forte conexão com o medo, mesmo as que não causam paixões opostas por meio de perspectivas opostas. Quando deixo a casa de um amigo doente, fico mais ansioso do que quando estava ao seu lado, mesmo sabendo que não poderia ajudá-lo nem tampouco identificar a causa de sua doença. Para que a oscilação e a incerteza, fiéis aliadas do medo, pudessem ser suprimidas, seria necessário que eu estivesse a par de mil detalhes de seu estado e condição.

Horácio notou a existência desse fenômeno: *ut adsidens inplumibus pullis avis/serpentium adlapsus timet / magis relictis, non, ut adsit, auxili / latura plus praesentibus.*[1]

Tomada por medos e apreensões, a jovem virgem se deita ao leito na noite de núpcias; mas o que a espera é o prazer. A confusão entre a apreensão e o júbilo, a novidade e a importância desse evento, de natureza desconhecida, confundem a mente a tal ponto, que ela não sabe ao certo em que imagem ou paixão deve se fixar.

§ 9. Quanto à mistura de afecções, podemos notar que costumam ocorrer alternadamente, quando paixões contrárias despertam de objetos que não estão conectados entre si. A mente de um homem que se aflige com a perda de um litígio e se rejubila com o nascimento de um filho passa do objeto calamitoso para o agradável; mas, por mais rápido que o movimento seja, não consegue temperar uma afecção com a outra, e elas permanecem indiferenciadas.

É mais fácil para a mente se sentir calma quando a natureza do *mesmo* acontecimento é mista, e inclui tanto circunstâncias prósperas quanto adversas. Nesse caso, paixões opostas se misturam e anulam-se reciprocamente, deixando a mente na mais perfeita tranquilidade.

Mas se um objeto em que não haja mistura de bem e mal for considerado como provável ou improvável em algum grau, as paixões contrárias se apresentarão na alma ao mesmo tempo, e em vez de se contrabalançar e se temperar mutuamente, subsistirão

---

[1] Horácio, Épodos, I, 19-22: "Com as negras asas cobre implumes filhos / Temendo a negra serpente. / Longe do lar pequeno, inda mais teme, / Os silvos espantosos". Tradução José Agostinho de Macedo, in: Horácio, *Obras completas*, São Paulo: Edições Cultura, 1941, p. 123. [N.T.]

juntas e produzirão, por sua união, uma terceira impressão ou afecção, como a esperança ou o medo.

Vê-se aí plenamente a influência das relações de ideias (que explicaremos melhor mais à frente). Em paixões contrárias, se os objetos forem *totalmente diferentes*, as paixões serão como dois líquidos em seus respectivos frascos, sem qualquer influência recíproca. Mas, se os objetos estiverem intimamente *conectados*, as paixões serão como um *alcaloide* e um ácido, que, uma vez misturados, anulam um ao outro. Se a relação for mais imperfeita, e consistir de perspectivas *contraditórias* sobre um *mesmo* objeto, as paixões serão como azeite e vinagre, que, por mais que se misturem, nunca se unem ou se incorporam um ao outro perfeitamente.

O efeito de uma mistura de paixões em que uma predomina sobre a outra e a envolve será explicado mais à frente.

Seção II

§ 1. Além das paixões acima mencionadas, que despertam da estrita busca do bem e da resoluta aversão pelo mal, há outras, cuja natureza é mais complexa, que implicam mais de uma perspectiva ou consideração. *Orgulho* é satisfação consigo mesmo por um feito realizado ou pelo desfrute de uma posse; *humildade* é insatisfação consigo mesmo, por um defeito ou deformidade em particular.

Amor ou *amizade* é o comprazimento com um outro, por seus favores ou préstimos; ódio é o contrário.

§ 2. Nesses dois conjuntos de paixões há uma distinção óbvia entre o *objeto* da paixão e sua *causa*. O objeto de orgulho ou humildade é o eu[2]: a causa da paixão é uma excelência, no primeiro caso, uma carência, no último. O objeto de amor ou de ódio é uma outra pessoa; as causas, da mesma maneira, são suas excelências e carências.

Em todas essas paixões, as causas são o que excita a emoção, o objeto é aquilo para o que a mente se volta quando a emoção é excitada. Nosso mérito, por exemplo, desperta orgulho, e é essencial para o orgulho que nos vejamos a nós mesmos com prazer e satisfação.

Mas, quando as causas dessas paixões são numerosas e variadas, apesar da uniformidade e simplicidade do objeto, então pode ser digno de curiosidade considerar se haveria um ponto em comum a essas várias causas, ou, em outras palavras, se haveria realmente uma causa eficiente da paixão. Começaremos por orgulho e humildade.

§ 3. Para explicar as causas dessas paixões, precisamos refletir sobre certos princípios que, embora tenham enorme influência em cada operação do entendimento e das paixões, não foram devidamente considerados pelos filósofos. O primeiro deles é a *associação* de ideias, ou o princípio em virtude do qual transitamos facilmente de uma ideia a outra. Por mais incertos e instáveis que sejam nossos pensamentos, suas mudanças não são inteiramente sem regra ou método. Costumam passar, com regularidade, de um objeto ao outro, similar ou contíguo a ele, ou então produzido por ele. Quando uma ideia qualquer se apresenta à imaginação como ligada a outra por meio de uma dessas relações, ela se segue naturalmente a esta, e, assim introduzida, é mais facilmente admitida na imaginação.

---

[2] O valor moral da ideia de eu (*self*) é afirmado por Hume no *Tratado da natureza humana*, onde questiona-se, ao mesmo tempo, a legitimidade metafísica dessa mesma ideia; ver I.4.6, II.1.1-6.

A *segunda* propriedade que observarei na mente humana é uma associação como essa, incidente a impressões ou emoções. Todas as impressões *semelhantes* são conectadas em conjunto: quando uma delas desperta, as demais se seguem naturalmente. Angústia e decepção despertam raiva; raiva desperta inveja; inveja desperta malícia; malícia desperta angústia. Da mesma maneira, nossa têmpera, quando tomada de júbilo, mergulha naturalmente em amor, generosidade, coragem, orgulho e outras afecções similares.

Em *terceiro* lugar, pode-se observar que esses dois gêneros de associação promovem e auxiliam um ao outro, e a transição é mais suave quando concorrem num mesmo objeto. Um homem que foi ferido por outro perde a compostura e a suavidade de sua têmpera e tende a encontrar centenas de objetos de ódio, insatisfação, impaciência, temor e outras paixões incômodas, especialmente se puder descobri-las na pessoa que é objeto da emoção que o atinge. Os princípios que promovem a transição de ideias concorrem aí com os que operam nas paixões, e ambos, unidos numa mesma ação, conferem à mente um impulso redobrado. Eu gostaria de citar aqui uma passagem de um autor elegante, que se exprime a esse respeito da seguinte maneira: "a fantasia, que se deleita com tudo o que é imenso, estranho ou belo, e encontra tanto mais prazer quanto mais percepções como essa ela depare num *mesmo* objeto, pode ainda renovar sua satisfação com a assistência de outro sentido. Um som contínuo qualquer, como a música dos pássaros ou a queda das águas, desperta num instante a mente do observador, que se torna mais atento às muitas belezas do lugar em que se encontra. A fragrância de aromas e perfumes intensifica o prazer da imaginação, e torna as cores e o verde da paisagem ainda mais agradáveis, pois as ideias de ambos os sentidos se recomendam umas às outras, e são mais prazerosas quando entram na mente juntas do que quando dissociadas. As muitas cores de um quadro, se estiverem bem combinadas, realçam umas às outras e recebem, do vantajoso arranjo, um acréscimo de beleza"[3]. Em fenômenos como esse, observamos não apenas uma associação de impressões e uma associação de ideias, mas também que uma auxilia a outra.

§ 4. Parece-me que ambas essas espécies de relação entram na produção de *orgulho* e de *humildade* como causas reais e eficientes da paixão.

Quanto à relação de ideias, não há dúvida. Aquilo de que nos orgulhamos deve, de alguma maneira, pertencer a nós. É devido a *nosso* conhecimento, a *nosso* senso, a *nossa* beleza, a *nossas* posses ou de *nossa* família que temos apreço por nós mesmos. O eu, que é o *objeto* da paixão, se refere sempre à qualidade ou circunstância que *causa* a paixão. É preciso haver uma conexão entre o eu e o objeto, uma suave transição da imaginação, uma facilidade para transitar da concepção do objeto ao eu. Sem essa conexão, nenhum objeto pode excitar orgulho ou humildade; quanto mais enfraquecerdes a conexão, mais enfraquecereis a paixão.

§ 5. Resta saber se haveria uma relação como essa, de impressões e sentimentos, quando se experimenta orgulho ou humildade, se a circunstância que causa a paixão excitaria um sentimento similar a ela, e se haveria ou não uma transfusão do sentimento em paixão.

A afecção ou sentimento de orgulho é agradável; a de humildade, é dolorosa. Uma sensação agradável se liga ao primeiro, uma sensação desagradável ao segundo. Se um exame mais

---

[3] Joseph Addison, *The Spectator*, nº 412. [Da série conhecida pelo título: "Os prazeres da imaginação", nºs 409-421, 1712]. [N.A.]

acurado puder mostrar que cada objeto que produz orgulho produz também um prazer dissociado, e cada objeto que causa humildade excita, da mesma maneira, um incômodo dissociado, deveremos reconhecer que, nesse caso, a presente teoria estará inteiramente provada e certificada, e teremos de admitir como incontestavelmente duplicadas as relações de ideias e as relações de sentimentos.

§ 6. Começando por mérito e demérito pessoal, as causas mais óbvias dessas paixões. Escapa inteiramente ao nosso propósito examinar a fundação das distinções morais; é suficiente observar que nossa teoria sobre a origem das paixões se sustenta diante de qualquer hipótese que seja. O sistema mais provável até hoje oferecido para explicar a diferença entre vício e virtude afirma que por uma constituição natural originária ou por um senso natural do interesse público e do interesse privado, certos caracteres, na prospecção ou contemplação de objetos, produzem incômodo, outros excitam prazer. O incômodo ou satisfação produzido no espectador é essencial para que haja vício ou virtude. Aprovar um caráter é experimentar ou sentir deleite diante de sua aparição. Desaprová-lo é sentir incômodo. E assim como prazer e dor são, de certa maneira, a fonte originária de aprovação e censura, são também as causas dos efeitos destes últimos, e, consequentemente, do orgulho ou da humildade concomitante a essa distinção.

Mesmo que essa teoria moral seja rechaçada, é evidente que dor e prazer, se não são a fonte das distinções morais, são indispensáveis a elas. A mera contemplação de um caráter generoso e nobre propicia satisfação; e quando se apresenta a nós, que seja numa fábula ou poema, é sempre encantador e deleitoso. Por outro lado, crueldade e traição são naturalmente desprezíveis, e jamais poderíamos aceitar essas qualidades, em nós mesmos ou nos outros. Portanto, a virtude produz um prazer distinto do orgulho e da satisfação que a acompanham, assim como o vício produz um incômodo dissociado da humildade ou de arrependimento.

Mas uma maior ou menor estima por si mesmo não depende apenas das qualidades da mente que os sistemas de ética mais comuns definem como partes integrantes do dever moral, e sim de toda qualidade que tenha uma conexão com o prazer ou o incômodo. Nada é tão lisonjeiro para nossa vaidade quanto talentos como *engenho*, humor e outras qualidades prazerosas: nada nos mortifica tão sensivelmente quanto a falta de talentos do gênero. Ninguém jamais pôde dizer ao certo o que seria o *engenho*, ou conseguiu mostrar porque dizemos que um sistema é engenhoso e recusamos essa alcunha a outro. Apenas o *gosto* nos permite decidir essa questão, por ser o único padrão de que dispomos para formar um juízo dessa natureza. Mas o que seria esse *gosto*, do qual depende, de alguma maneira, a existência do verdadeiro e do falso engenho, e sem o qual pensamento algum poderia se intitular a tais denominações? Ora, é claro que o gosto é uma sensação de prazer diante do verdadeiro engenho, e o desgosto é uma sensação de desprazer diante do falso; mas não poderíamos dar as razões dessa satisfação ou incômodo. O poder de excitar sensações opostas como essas é a essência mesma do verdadeiro e do falso engenho, e é, por isso, a causa da vaidade ou da mortificação despertadas por um ou pelo outro.

§ 7. Belezas de todo o gênero nos propiciam deleite e satisfação peculiares, assim como a deformidade produz dor, não importa o objeto em que se encontre, e seja ele animado ou inanimado. Se a beleza ou deformidade pertence ao nosso próprio rosto, aspecto ou pessoa, o prazer ou incômodo se converte em orgulho ou humildade, pois nesse caso se encontram dadas todas as circunstâncias requeridas, segundo a presente teoria, para produzir uma transição perfeita.

Parece então que a própria essência da beleza consiste em seu poder de produzir prazer; e todos os seus efeitos devem proceder dessa circunstância. Se a beleza é um objeto universal de vaidade, é apenas na medida em que é causa de prazer.

Quanto às demais perfeições físicas, observa-se que geralmente tudo o que em nós mesmos é útil, belo ou surpreendente, é objeto de orgulho, e o contrário é objeto de humildade. Essas qualidades concordam na produção de um prazer diferenciado, e apenas nisso.

Envaidecem-nos aventuras, expedições, perigos que enfrentamos, mostras de disposição e vigor. Daí o hábito de mentir, quando os homens, sem outro interesse além da vaidade, reúnem alguns acontecimentos extraordinários, ficções de sua própria cabeça, ou, se forem verdadeiros, sem conexão alguma com eles mesmos. Sua frutífera invenção lhes fornece variadas aventuras; e, na falta desse talento, apropriam-se de aventuras alheias, unicamente para gratificar a própria vaidade[4]. Entre a paixão e o sentimento de prazer há sempre uma conexão íntima.

§ 8. Mas, embora o orgulho e a humildade tenham como causas naturais mais imediatas certas qualidades de nossa mente e de nosso corpo, ou seja, de nosso eu, a experiência nos mostra que muitos outros objetos produzem essas afecções. Fundamos a vaidade em méritos e feitos pessoais, mas também em casas, jardins, equipagem e outros objetos externos. Isso acontece quando estabelecemos com eles uma relação particular, quando se associam ou se conectam a nós. Um vistoso peixe marinho, um formoso animal selvagem, tudo o que não nos pertença ou não

---

[4] O mesmo tópico ocorre no ensaio "Da tragédia". [N.T.]

tenha relação conosco, não tem influência sobre nossa vaidade, por mais que possua qualidades eventualmente extraordinárias que naturalmente causam surpresa e admiração. Para que possa tocar nosso orgulho, é preciso que o objeto esteja de algum modo associado a nós. Sua ideia deve vir a tiracolo, por assim dizer, da ideia que temos de nós mesmos, e a transição entre elas deve ser suave e natural.

Os homens se orgulham da beleza de *seu* país, de *sua* província, de *sua* paróquia. É claro que aqui a ideia da beleza produz um prazer. Esse prazer está relacionado com o orgulho; e é de supor que seu objeto ou causa se refira ao eu, que é o objeto de orgulho. O paralelismo entre relações de sentimentos e relações de ideias permite a transição de um objeto ao outro.

Os homens também se orgulham do clima em que nasceram, da fertilidade de sua terra, da qualidade dos vinhos, das frutas e dos suprimentos que o solo produz, da docilidade ou da força de sua língua, e outras peculiaridades do gênero. Tais objetos se referem plenamente aos prazeres dos sentidos e são originalmente considerados agradáveis ao tato, ao paladar ou ao ouvido. Como poderiam se tornar causas de orgulho, se não fosse a transição acima explicada?

Outros homens mostram um orgulho de gênero oposto e depreciam o próprio país, na comparação com outro que visitaram. Ao voltar para casa e se verem em meio aos compatriotas, tias pessoas constatam que a forte relação entre eles mesmos e sua nação é compartilhada por tantos outros, que como que se dilui, enquanto a relação distante com um país estrangeiro, formada quando ali estiveram e residiram, é fortalecida pela consideração de que poucos dos seus têm a mesma relação. Por essa razão, admiram mais a beleza, a utilidade e a raridade do que veem no estrangeiro do que das coisas que encontram em casa.

Se nos orgulhamos de um país, de um clima ou de outro objeto inanimado que tenha relação conosco, não admira que nos orgulhemos daquelas pessoas que se conectam a nós por sangue ou amizade. Constatamos que as qualidades que nos pertencentes e produzem orgulho produzem também, em menor grau, a mesma afecção, quando se mostram em pessoas com que temos relações. Beleza, afabilidade, mérito, reputação e títulos de parentesco, discretamente exibidos pelos orgulhosos, são uma considerável fonte de vaidade.

Assim como nos orgulhamos de nossas próprias riquezas, desejamos, para gratificar nossa vaidade, que todos os que tenham uma conexão conosco também sejam ricos, e envergonhamo-nos de amigos e parentes mesquinhos ou pobres. Nossos pais são considerados nossas relações mais próximas, e é natural que todos aleguem vir de uma boa família e pertencer a uma longa sucessão de abastados e honrados ancestrais.

Os que se jactam da antiguidade de suas famílias fazem questão de sublinhar que são os proprietários da *mesma* porção de terra que, por muitas gerações ininterruptas, pertenceu à mesma família, que nunca se desfez de suas posses nem mudou de condado ou província. Sua vaidade é ainda maior no caso de a transmissão de propriedade se dar em linhagem exclusivamente paterna, sem que sua honra e fortuna tenham alguma vez passado pelas mãos de uma mulher. Tentemos explicar esses fenômenos a partir da teoria precedente.

Se o apreço que alguém tem por si mesmo depende da antiguidade de sua família, os objetos de seu orgulho incluem não apenas a extensão de tempo e o número de ancestrais (pois a esse respeito todos os homens são iguais), mas também a riqueza e reputação destes, que supostamente confeririam um lustro próprio, devido a sua conexão com eles. Assim como a paixão depende da conexão, tudo o que reforce a conexão também intensificará a paixão, e tudo o que enfraqueça a conexão deverá amenizá-la. É evidente que posses transmitidas por sangue ou parentesco reforçam a relação de ideias e transportam mais facilmente a fantasia de uma geração a outra, dos mais distantes ancestrais aos seus atuais herdeiros e descendentes. Graças a essa facilidade, o sentimento se transmite mais integralmente e excita um grau maior de orgulho e vaidade.

O mesmo vale para a transmissão de honra e fortuna em linhagem paterna. É uma qualidade óbvia da natureza humana que a imaginação naturalmente se inclina para o que é importante e considerável. Diante de dois objetos, um pequeno e outro grande, é usual que ela desconsidere o primeiro e se dedique inteiramente ao último. Por essa razão, é comum que as crianças recebam o sobrenome do *pai* e a nobreza de seu berço dependa da família *deste*. Ainda que a mãe possua qualidades superiores às do pai, como muitas vezes é o caso, vale a *regra geral*, apesar da exceção, de acordo com a doutrina que explicaremos mais à frente. Por maior que seja a superioridade, e por mais que outras razões tenham como efeito que a criança represente a família da mãe, não a do pai, a regra geral é suficientemente eficaz para enfraquecer a relação e romper a linhagem de ancestrais. A imaginação não percorre a linhagem com a mesma facilidade, nem consegue transferir tão imediatamente a honra e o crédito dos ancestrais à posteridade de mesmo nome e família, como quando a transição é conforme à regra geral e passa pela linhagem paterna, de pai para filho ou de irmão para irmão.

§ 9. A propriedade, que confere poder e autoridade plena sobre os objetos, é a relação com mais influência nessas paixões.

O homem vaidoso tem para si tudo do bom e do melhor. Sua casa e equipagem, mobília e roupas, cavalos e cães, tudo isso lhe parece sumamente excelente, e observa-se que a menor vantagem lhe dá mais um motivo de orgulho e vaidade. A creres nele, o paladar de seu vinho é o mais fino que existe; sua culinária é a mais sofisticada; sua mesa, a mais bem servida; seus serviçais são os mais destros; o clima em que vive é o mais saudável; o solo que cultiva, o mais fértil; os frutos deste são os mais perfeitos e maduros. Aqui, uma novidade inusitada: ali, uma rara antiguidade; aqui, a criação de um famoso artista: ali, uma peça que pertenceu a tal príncipe ou homem importante. Em suma, todos os objetos úteis, belos e surpreendentes que pertençam a ele ou tenham com ele alguma relação, despertam paixão por meio da propriedade e concordam todos em serem prazerosos. Tal é a única qualidade que eles têm em comum; é ela, portanto, que produz a paixão ou efeito comum a todos eles. Cada exemplo é um novo argumento, e os exemplos são inúmeros; parece que essa teoria é suficientemente comprovada pela experiência.

Riquezas implicam o poder de adquirir tudo o que há de agradável; e como compreendem muitos objetos de orgulho, necessariamente se tornam a principal causa dessa paixão.

§ 10. Nossas opiniões de todos os gêneros são muito influenciadas pela sociedade e pela simpatia, e é quase impossível defendermos um princípio ou sentimento que contrarie o consentimento universal de cada um de nossos amigos ou conhecidos. Contudo, de todas as nossas opiniões, as que formamos em prol de nós mesmos, por mais exageradas e presunçosas que sejam, são, no fundo, as mais frágeis, as mais facilmente abaláveis pela contradição ou pela oposição alheia. Nosso interesse nos alarma, e mantém alertas nossas paixões: a consciência de nossa própria parcialidade nos faz recear um lapso: e a própria dificuldade de julgar um objeto que não podemos observar de um ponto de vista apropriado nos prontifica a acatar, sem mais, a opinião de outros, mais qualificados para formar opiniões justas de nós mesmos. Daí o gosto por fama que se encontra em todos os homens. É para confirmar e fixar a opinião favorável que têm de si mesmos, não por uma paixão originária, que eles buscam o aplauso alheio. E, se um homem deseja o elogio dos outros, é pela mesma razão que apraz a beldade se apreciar no espelho que mostra o reflexo de seus encantos.

Por mais que, em matéria de especulação, seja difícil distinguir entre a causa que intensifica o efeito e a que se restringe a produzi-lo, parece que nesse caso os fenômenos confirmam o princípio precedente de maneira sólida e satisfatória.

Temos muito mais satisfação com a aprovação daqueles que estimamos e aprovamos do que com a daqueles que menosprezamos e desprezamos.

A estima obtida após uma longa e íntima convivência é especialmente gratificante a nossa vaidade.

O sufrágio dos reticentes em seus elogios tem um sabor especial, quando conseguimos obtê-lo para nós.

O homem importante que escolhe bem seus favoritos é sinceramente cortejado pelos que aspiram à sua predileção.

O elogio não nos dá muito prazer se não concorda com a nossa opinião e não nos exalta pelas qualidades que principalmente nos destacam.

Tais fenômenos parecem provar que o sufrágio favorável do mundo só é levado em consideração quando autoriza ou confirma nossa própria opinião. A natureza do objeto explica sem dificuldade porque sua influência é maior aqui do que em qualquer outra parte.

§ 11. Portanto, por mais que os objetos tenham relação conosco, e apesar do prazer que possam produzir, só são capazes de excitar em nós um grau considerável de orgulho e satisfação própria quando são óbvios para outros e cativam a aprovação dos espectadores. Haveria disposição da mente mais desejável do que a tranquilidade, a resignação e o contentamento, quando ela se submete prontamente a tudo o que lhe é destinado pela providência, e mantém a serenidade em meio aos maiores infortúnios e decepções? Mas tal disposição, embora reconhecida como virtude ou excelência, raramente se encontra na fundação da vaidade e do aplauso que damos a nós mesmos, pois não tem brilho ou lustro exterior e antes reconforta o coração do que anima o comportamento e a convivência. O mesmo vale para muitas outras qualidades, da mente, do corpo e da fortuna; e é preciso reconhecer a importância dessa circunstância na produção das paixões em questão.

Uma segunda circunstância relativa à presente consideração diz respeito à permanência e durabilidade do objeto. Tudo o que é muito causal e inconstante, para além do curso comum das ocupações humanas, mal propicia contentamento, e menos ainda orgulho. A coisa mesma não é em si muito satisfatória, e nossa aptidão para derivar satisfação dela é ainda menor. Prevemos e antecipamos suas mudanças, o que dificilmente pode ser satisfatório. Comparamo-la a nós mesmos, cuja existência é mais duradoura, e ela nos parece ainda mais inconstante. Parece-nos ridículo que nós mesmos sejamos o objeto de uma paixão por causa de uma qualidade ou de uma posse cuja duração é tão breve, e que nos acompanha por um período tão curto de nossas vidas.

Uma terceira circunstância que não deve ser negligenciada é que os objetos, para que possam produzir orgulho ou apreço por nós mesmos, devem ser exclusivamente nossos, ou então compartilhados por poucos. A luz do sol, a temperatura e o clima não nos distinguem de nossos semelhantes, nem nos tornam preferíveis ou superiores a eles. A comparação entre eles e nós não apresenta nenhuma inferência a nosso favor, e continuamos, apesar do desfrute desses privilégios, no mesmo nível que os nossos amigos e conhecidos.

Assim como a saúde e a doença se alternam incessantemente em todos os homens, sem que nenhum deles seja definitivamente doente ou saudável, é como se eventuais calamidades e benesses não nos dissessem respeito quando consideramos a fundação de orgulho e humildade. Se em nossa própria constituição encontramos um mal, de um gênero qualquer, de tal maneira enraizado que não temos esperança de nos regenerar, a concepção que temos de nós mesmos é deprimida. Isso é evidente nos mais velhos, mortificados pela consideração de sua idade e de suas enfermidades. Tentam esconder, na medida do possível, a cegueira, a surdez, o reumatismo e a gota, pois reconhecê-los é incômodo. E, se é verdade que as dores de cabeça e a gripe não envergonham os mais jovens, nada mortifica mais o orgulho humano, ou alimenta uma opinião tão baixa da nossa própria natureza, quanto a consideração de que *a todo momento de nossas vidas estamos sujeitos a enfermidades*. Isso prova que dores e males do corpo são em si mesmos causa de humildade, ainda que o costume de estimar as coisas mais por comparação do que por seu valor intrínseco nos faça menosprezar as calamidades que incidem sobre cada um de nós e permita formar uma ideia do nosso próprio mérito e caráter independentemente de tais calamidades.

Envergonhamo-nos daqueles de nossos males que, por serem graves ou desagradáveis, afetam os outros: da epilepsia, pelo horror que causa nos que a testemunham; da icterícia, por ser contagiosa; da escrófula, por ser hereditária. No juízo que fazem de si mesmos, os homens sempre consideram os sentimentos dos outros.

Uma quarta circunstância que influi nas paixões são as *regras gerais* pelas quais formamos uma noção de classes especiais de homens, conforme o poder e riqueza que eles possuem, e essa noção não é alterada por peculiaridades de saúde ou de temperamento que não privem a pessoa do desfrute de suas posses. O costume nos leva a transpor, sem mais, o justo limite de nossas paixões e raciocínios.

Quanto a isso, parece cabível observar que a influência de regras e máximas gerais sobre as paixões contribui muito para facilitar os efeitos dos princípios ou mecanismos internos aqui explicados. Pois parece evidente que se um homem adulto, dotado de uma natureza como a nossa, viesse de repente ao mundo, a variedade de objetos o desconcertaria, e ele não conseguiria, de início, determinar o grau em que cada um deles excita paixões como amor, ódio, orgulho, humildade e outras. A variedade de paixões depende às vezes de princípios imponderáveis, que nem sempre operam com perfeita regularidade, especialmente numa primeira tentativa. Mas o costume e a prática, além de esclarecerem esses princípios e consolidarem o justo valor de cada coisa, também contribuem para a produção de paixões, e indicam, mediante regras gerais estabelecidas, as proporções que devemos observar para preferir um objeto ao outro. Essa observação pode nos ajudar a resolver eventuais dificuldades acerca das causas que aqui atribuímos a paixões particulares e que talvez se considere refinadas demais para que operem de maneira tão certa e universal — como, no entanto, é o caso.

Seção III

§ 1. A recensão completa das causas que produzem as paixões do orgulho e da humildade mostra que as mesmas circunstâncias, se transferidas de nós mesmos para outra pessoa, tornam-na objeto de amor ou ódio, de estima ou desprezo. A virtude, o gênio, a beleza, a família, a riqueza e a autoridade alheia despertam em nós sentimentos favoráveis; o vício, a tolice, a deformidade, a pobreza e a vilania excitam os sentimentos contrários. O paralelismo entre as relações de impressões e as relações de ideias opera nas paixões de amor e ódio assim como nas de orgulho e humildade. Tudo o que for em si mesmo prazeroso ou doloroso e se relacione com outro ou se ligue a ele, torna-o objeto de nossa afeição ou desgosto.

Da mesma maneira, a predisposição contra nós mesmos e o desprezo para conosco estão entre as principais fontes de nosso ódio, enquanto os préstimos e a estima estão entre as principais fontes de amizade.

§ 2. A relação que temos com uma pessoa pode excitar em nós uma afeição por ela. Permanece implícita, entretanto, uma relação de sentimentos sem a qual a outra relação não teria influência[5].

Uma pessoa com a qual tenhamos uma relação ou uma conexão de sangue, fortuna, posse ou nacionalidade nos agrada: não temos dificuldade de compartilhar sentimentos e concepções em que não encontramos nada de estranho ou inusitado. Nossa imaginação, partindo do eu, que nos é intimamente presente, percorre suavemente a relação ou conexão, e concebe a pessoa próxima de nós com plena simpatia. A pessoa que assim se

---

[5] A afeição dos pais pelos filhos está fundada, ao que parece, num instinto original. A afeição por outros parentes depende dos princípios aqui explicados. [N.A.] [Ver o ensaio "Da origem do governo".]

apresenta tão próxima é imediatamente aceita, e consideramo-la em igualdade conosco, sem qualquer distância ou reserva.

Essa relação tem a mesma influência para excitar afeição que o costume e a familiaridade. Em ambos os casos, a fonte da amizade está na facilidade e na satisfação concomitantes ao intercâmbio ou ao comércio do eu com o outro.

§ 3. Amor e ódio são paixões a que sempre se seguem ou se conjugam benevolência e raiva. É essa conjunção que principalmente distingue essas afecções do orgulho e da humildade. Pois estes são puras emoções na alma, sem nenhum desejo, que não excitam imediatamente nenhuma ação. Mas amor e ódio não se complementam em si mesmos, nem repousam na emoção que produzem, levam a mente além. O amor é sempre seguido pelo desejo da felicidade da pessoa amada e da aversão por sua desgraça; o ódio produz o desejo de desgraça e a aversão pela felicidade da pessoa detestada. Esses desejos opostos parecem estar original e primariamente conjugados às paixões de amor e ódio. Trata-se de uma constituição natural, da qual não poderíamos oferecer outra explicação.

§ 4. A compaixão é com frequência despertada sem ser precedida por estima ou amizade, pois é um incômodo pelo sofrimento alheio. Parece advir de uma íntima e poderosa concepção, quando nossa imaginação procede por graus, da viva ideia à real experiência da desgraça alheia.

Malícia e inveja também despertam numa mente sem serem precedidas por indisposição, embora sua tendência seja exatamente a mesma de raiva e má vontade. A comparação entre nós mesmos e os outros parece ser a fonte de inveja e malícia. Quanto mais infeliz o outro, mais felizes, em nossa própria concepção, parecemos ser.

§ 5. A similaridade entre as tendências da compaixão à benevolência e da inveja à raiva forma uma relação muito próxima entre esses dois conjuntos de paixões, mas de um gênero diferente da relação entre as paixões acima mencionadas. Não se trata aqui de similaridade de afecção ou sentimento, mas de uma tendência ou propensão. O efeito, entretanto, é o mesmo: produz-se uma associação de paixões. A compaixão dificilmente ou nunca é experimentada sem uma mistura de ternura ou amizade; a inveja é naturalmente acompanhada de raiva ou má vontade. Desejar a felicidade alheia, por um motivo qualquer, é um bom prenúncio de afecção; deleitar-se em sua desgraça quase que inevitavelmente desperta aversão.

O que nos interessa é para nós fonte de preocupação; mas costuma ser acompanhado pelas mesmas consequências. Um parceiro é um objeto natural de amizade; um rival, de inimizade.

§ 6. Pobreza, vilania e traição produzem desprezo e desgosto. Mas, se esses infortúnios são muito grandes ou nos são representados em cores muito fortes, excitam compaixão, ternura e amizade. Como explicar essa contradição? A pobreza ou vilania do outro, em sua aparência mais comum, provoca em nós incômodo, mediante uma espécie de simpatia imperfeita que produz aversão ou desgosto por algo similar a um sentimento. Mas, quando compartilhamos a fundo de suas preocupações, quando queremos sua felicidade e sentimos sua desgraça, então a amizade e a boa vontade despertam de uma tendência similar à das inclinações.

O homem que foi à falência receberá compaixão e amizade enquanto for recente e estiver fresca a ideia do seu infortúnio, e a comparação entre sua presente condição de infelicidade e a prosperidade de outrora tenha força para operar em nós. O tempo, porém, enfraquece e oblitera as ideias, e no final não há mais do que compaixão e desprezo.

§ 7. No respeito há uma mistura de humildade, estima e afeição; no desprezo, há uma pitada de orgulho.

A paixão amorosa é usualmente composta de comprazimento na beleza, apetite corporal, e amizade ou afeição. A íntima relação entre esses sentimentos é óbvia, assim como a origem de um no outro, por meio de uma mesma relação. Ainda que nenhum outro fenômeno confirmasse nossa teoria, este seria, em minha opinião, suficiente por si mesmo.

Seção IV

§ 1. A presente teoria das paixões depende inteiramente da duplicação das relações de sentimentos e das relações de ideias e da assistência recíproca que tais relações prestam uma à outra. Em vista disso, pode ser conveniente ilustrar esses princípios com mais alguns exemplos.

§ 2. As virtudes, talentos, feitos e posses dos outros os tornam prezados e estimados, pois tais objetos excitam uma sensação prazerosa relacionada com a estima, e, por terem ainda relação ou conexão com a pessoa, a união de ideias promove união de sentimentos; o que está de acordo com a teoria precedente.

Suponhamos, porém, que a pessoa de que gostamos tenha conosco uma relação adicional, de sangue, país ou amizade: é evidente que excitará uma espécie de orgulho, por seus feitos ou posses, pois se encontra aqui a mesma relação paralela em que estamos insistindo. A pessoa tem uma relação conosco, o pensamento transita facilmente entre ela e nós mesmos. Os sentimentos excitados por suas vantagens e virtudes são agradáveis e se relacionam, consequentemente, com o orgulho. Por isso, vemos que é natural que as pessoas se orgulhem das boas qualidades ou da boa fortuna de seus amigos ou compatriotas.

§ 3. Todavia, pode-se observar, que se invertermos a ordem das paixões o mesmo efeito não se seguirá. Passamos facilmente do amor e da afecção para o orgulho e a vaidade, mas não destas paixões para aquelas, ainda que as relações permaneçam as mesmas. Se agradamos a quem se relaciona conosco, não é por nossos méritos próprios; mas é natural que o outro se orgulhe de nossos méritos. Qual a razão dessa diferença? A transição da imaginação, de objetos que têm relação conosco para nós mesmos, é suave, seja porque a relação facilita a transição, seja porque nela partimos de objetos descontínuos para objetos contíguos. Quando, porém, a imaginação passa de nós mesmos para objetos que têm relação conosco, o primeiro princípio promove a transição no pensamento, mas o último se opõe a ela, e, em consequência, a transfusão de paixões do orgulho para o amor não é tão suave quanto do amor para o orgulho.

§ 4. As virtudes, os préstimos e a fortuna de um homem nos inspiram imediatamente estima e afecção por outro que tenha relações com ele. O filho de um amigo se intitula naturalmente a nossa amizade; os parentes de um homem importante têm o apreço dos outros, por causa dessa relação. Exibe-se aqui, em toda plenitude, a força das relações simultâneas.

§ 5. Seguem-se exemplos de outro gênero, que descobrem a operação desse mesmo princípio. A inveja desperta da superioridade alheia; observa-se, contudo, que não é a grande desproporção entre eu e o outro que excita essa paixão, mas, ao contrário, a proximidade entre nós. Uma desproporção muito grande rompe a relação de ideias, e ou nos impede de nos compararmos ao que é diferente de nós, ou, se há comparação, minimiza os seus efeitos.

Um poeta não inveja um filósofo, tampouco um poeta de outro gênero, nação ou época. Essas diferenças, se nem sempre impedem a inveja, enfraquecem-na, e, consequentemente, enfraquecem a paixão.

Por essa mesma razão, os objetos só parecem maiores ou menores quando comparados a outros da mesma espécie. Aos nossos olhos, uma montanha não aumenta nem diminui um cavalo. Mas um cavalo de raça flamenga, quando visto ao lado de um cavalo de raça galesa, parece menor do que se fosse visto à parte; e vice-versa[6].

O mesmo princípio nos permite explicar a observação dos historiadores segundo a qual um partido, numa guerra civil ou numa disputa de facções, prefere a intervenção de um inimigo estrangeiro, por arriscada que seja, a se submeter a seus concidadãos. Guicciardini aplica essa observação às guerras na Itália, país em que as relações entre os diversos estados são apenas, propriamente falando, de nome, língua e contiguidade[7]. Essas mesmas relações, se unidas à de superioridade, que torna a comparação mais natural, tornam-na também mais danosa, e fazem com que os homens busquem uma superioridade que não dependa da relação e minimize sua influência sobre a imaginação.

---

[6] Tópico explorado por Hume no ensaio "Da dignidade ou baixeza da natureza humana". [N.T.]

[7] Francesco Guicciardini (1483-1540), historiador florentino autor de uma *História da Itália* (à qual Hume aqui se refere) que abrange o período entre 1492 (morte de Lorenzo de Médici) e 1534 (morte do papa Clemente VII). [N.T.]

Quando não conseguimos romper a associação, experimentamos um forte desejo de eliminar a superioridade. Essa parece ser a razão de por que os viajantes, que não poupam elogios aos chineses e aos persas, depreciam essas nações nos quesitos em que estão em pé de igualdade com seu próprio país de origem.

§ 6. As belas-artes nos oferecem outros exemplos semelhantes. Se um autor compusesse um tratado com uma parte séria e profunda e outra humorística e superficial, todos condenariam uma mistura tão estranha e o censurariam por ter negligenciado todas as regras da arte e da crítica. Mas não censuramos Prior[8] por ter posto *Alma* e *Salomão* num mesmo volume, peças em que o bom e amável poeta mostra com perfeição, respectivamente, a jovialidade e a melancolia. Mesmo supondo que o leitor percorresse as duas peças sem fazer um intervalo entre elas, sentiria pouca ou nenhuma dificuldade na mudança da paixão, pois consideraria ambas como inteiramente diferentes, e, ao interromper a conexão de ideias, interromperia o progresso das afecções, e impediria que uma influenciasse ou contrariasse a outra.

Um quadro em que estivessem unidos um desenho heroico e outro burlesco seria monstruoso; mas dois quadros de caracteres tão opostos podem ser exibidos lado a lado, sem escrúpulo, na mesma galeria.

§ 7. Não admira que a suave transição da imaginação exerça tamanha influência sobre todas as paixões. Essa circunstância forma todas as relações e conexões entre objetos. Não conhecemos conexão real entre uma coisa e outra; sabemos apenas que a ideia de uma coisa está associada à de outra e que a imaginação transita

---

[8] Mathew Prior (1664-1721), poeta inglês adepto da maneira clássica, autor de *Alma, or the progres of the mind* e *Solomon, or the vanity of the world*. [N.T.]

facilmente entre elas. E, como a suave transição de ideias e a suave transição de sentimentos se auxiliam mutuamente, podemos esperar de antemão que esse princípio tenha uma poderosa influência em todos os nossos movimentos e afecções internas. A experiência confirma suficientemente essa teoria.

Para não retomarmos exemplos já mencionados, suponhamos que eu estivesse viajando por um país estrangeiro ao lado de um amigo. É evidente que se as vistas forem belas, se as estradas forem boas, e os campos, bem cultivados, tudo isso contribuirá para o meu bom humor, esteja eu sozinho ou na companhia de meu amigo. Mas, se não houver conexão alguma entre o país, de um lado, e eu e meu amigo, de outro, o país não operará em mim como causa imediata de meu apreço por mim mesmo ou por meu companheiro. Portanto, caso eu não encontre paixão em algum outro objeto que tenha relação mais próxima com um de nós, minhas emoções serão produtos de uma disposição humana elevada, não de paixões estabelecidas. Supondo, porém, que a agradável vista diante de nós fosse contemplada da sede da minha propriedade ou daquela de meu amigo, essa nova conexão de ideias daria uma nova direção ao sentimento de prazer derivado da vista e despertaria emoção de estima ou orgulho, de acordo com a natureza da conexão. Quanto a isso, não me parece haver qualquer dúvida ou dificuldade.

Seção V

§ 1. Parece evidente que a razão, que significa, em sentido estrito, o juízo do verdadeiro e do falso, jamais poderia, por si mesma, ser motivo da vontade, e que sua influência depende de tocar uma paixão ou afecção. *Relações abstratas* de ideias são objeto de curiosidade, não de volição. Se a *matéria de fato* não é boa nem má, se não excita desejo nem aversão, ela nos é totalmente indiferente; e, não importa se a conhecemos ou não, se as compreendemos ou não de maneira correta, não pode ser considerada como móbile de ação.

§ 2. O que costuma ser chamado de razão em sentido popular, e tão recomendada em discursos morais, não é mais que uma paixão geral e serena, que vê os objetos de modo compreensivo e à distância, e atua sobre a vontade sem excitar nenhuma emoção sensível. Um homem, dizemos, é diligente em sua profissão, por causa da razão; ou seja, de um desejo sereno de riquezas e fortuna. Um homem adere à justiça por causa da razão; ou seja, da serena consideração do bem público ou da figura que terá diante de si mesmo ou dos outros.

§ 3. Os mesmos objetos que se recomendam à razão, nesse sentido da palavra, são também objetos do que chamamos de paixão, quando se aproximam de nós e adquirem algumas vantagens, devido à sua posição externa ou a uma afinidade com nossa têmpera interna, e excitam, por esse meio, uma emoção sensível e turbulenta. O mal é evitado, à distância, pela razão; ao alcance das mãos, ele produz aversão, horror e medo, e é objeto de paixão.

§ 4. O erro comum dos metafísicos é atribuir a direção da vontade inteiramente a um desses princípios, como se os outros não tivessem sobre ela influência alguma. Os homens muitas vezes agem cientes de estar contrariando o próprio interesse; logo, nem sempre é a perspectiva do melhor bem possível que os influencia. Muitas vezes, eles contrariam uma paixão violenta em nome de interesses e desígnios mais remotos; portanto, o incômodo presente não é a única determinação da vontade[9]. Em geral, observa-se que ambos esses princípios operam na vontade, e, quando são contrários, um deles prevalece, de acordo com o caráter geral da disposição presente da pessoa. O que chamamos de *controle de si mesmo* implica a predominância de paixões serenas sobre paixões violentas; mas é fácil observar que não há pessoa que esteja tão constantemente de posse dessa virtude que nunca, em ocasião alguma, atenda à solicitação de afecções ou desejos violentos. Dessas variações de temperamento procede a dificuldade que os homens têm para decidir acerca de ações e resoluções futuras, quando se veem diante de motivos ou de paixões contrárias entre si.

Seção VI

§ 1. Enumeraremos agora algumas circunstâncias que tornam uma paixão serena ou violenta, que intensificam ou apaziguam uma emoção qualquer.

É uma propriedade da natureza humana que toda emoção concomitante a uma paixão se converta facilmente em paixão, mesmo que, por natureza, a paixão seja estranha ou mesmo contrária à emoção. É verdade que para causar uma perfeita união entre paixões e fazer com que uma produza outra, requer-se sempre, de acordo com a teoria acima exposta, uma relação simultânea. Mas, quando duas paixões produzidas por suas respectivas causas se apresentam ambas na mente, elas imediatamente se misturam

[9] Contra Locke; ver *Ensaio sobre o entendimento humano*, II, XXIII, 20-21. [N.T.]

e se unem, mesmo que não tenham relação alguma entre si. A paixão predominante envolve a inferior, que é convertida na superior. Os humores, uma vez excitados, aceitam bem a mudança de direção; e é natural imaginar que essa mudança venha da afecção predominante. A conexão entre duas paixões é às vezes mais estreita do que entre uma paixão e a indiferença[10].

Se uma pessoa está apaixonada, os pequenos defeitos e caprichos de sua amada, o ciúme e as discussões que acometem a convivência entre eles, embora desagradáveis e ligados à raiva e ao ódio, muitas vezes intensificam a paixão predominante. Um artifício comum dos políticos, quando querem nos informar de uma matéria de fato qualquer, é dar lustre a ela, para excitar nossa curiosidade e postergar, tanto quanto possível, nossa satisfação, despertando assim um máximo de ansiedade e impaciência antes de entrarem no assunto propriamente dito. Eles sabem que a curiosidade precipitará a paixão que lhes interessa despertar e aumentará a influência do objeto sobre a mente. Um soldado que marcha no campo de batalha e pensa em seus camaradas e companheiros se inspira naturalmente de coragem e confiança, mas quando reflete sobre o inimigo é paralisado pelo terror. Qualquer nova emoção procedente da primeira reflexão aumenta naturalmente a coragem, e é natural que a emoção procedente da segunda aumente o medo. A disciplina militar, o uniforme e o hábito lustroso, a regularidade das formações e dos exercícios, a pompa e a majestade da guerra nos enchem, e aos nossos, de coragem; os mesmos objetos, por mais agradáveis e belos, aterrorizam o inimigo.

A esperança, em si mesma e aliada à benevolência e à amizade, é uma paixão agradável; mas pode fomentar a raiva, se for esta a paixão predominante. *Spes addita suscitat iras.* Vergílio[11].

---

[10] Mecanismo estudado em detalhe por Hume no ensaio "Da tragédia". [N.T.]
[11] Vergílio, *Eneida*, X, 263: "A esperança esperta as iras". Tradução Odorico Mendes, in: Virgílio, *Eneida brasileira*, Campinas: Unicamp, 2008. [N.T.]

§ 2. Duas paixões, por independentes que sejam, se transfundem naturalmente uma na outra; e, se ambas estiverem presentes ao mesmo tempo, e o bem ou o mal causar uma emoção particular qualquer que não a paixão direta de desejo ou aversão, segue-se que esta última se tornará mais forte e violenta.

§ 3. É o que frequentemente acontece, quando um mesmo objeto excita paixões contrárias. Observa-se que a oposição entre paixões comumente causa uma nova emoção nos humores e produz mais desordem do que a concorrência entre duas afecções de mesma força. A nova emoção é facilmente convertida em paixão predominante, e chega mesmo a aumentar sua violência, que é maior do que se não deparasse com oposição alguma. Por isso, naturalmente desejamos o que é proibido e extraímos prazer de certas ações por serem proibidas. A noção de dever, quando se opõe às paixões, nem sempre consegue sobrepujá-las; e, quando deixa de produzir efeito, pode aumentar e irritar as paixões, ao produzir uma oposição entre nossos motivos e nossos princípios.

§ 4. O mesmo efeito se segue, e desperta da oposição de motivos internos ou de obstáculos externos. Em ambos os casos, é comum que a paixão adquira força renovada. Os esforços da mente para superar o obstáculo excitam os humores e revigoram a paixão.

§ 5. A incerteza tem o mesmo efeito que a oposição. A agitação do pensamento, a mudança abrupta de perspectiva, a variedade de paixões que se sucedem umas às outras, de acordo com diferentes perspectivas, tudo isso produz uma agitação na mente, e essa emoção se transfunde em paixão dominante.

A segurança, ao contrário, apazigua as paixões. Deixada a si mesma, a mente se acalma no mesmo instante. Para preservar seu ardor ela precisa, a todo instante, de um novo fluxo de paixão. Pela mesma razão, a incerteza, que é o contrário da segurança, tem influência semelhante ao desespero.

§ 6. Nada excita tão poderosamente uma afecção como esconder uma parte do objeto, lançando-o numa penumbra tal que, ao mesmo tempo, exiba o suficiente para nos predispor em seu favor e dar à imaginação algum trabalho. Além de a obscuridade ser sempre acompanhada de incerteza, o esforço da fantasia para completar a ideia desperta os humores e intensifica ainda mais a paixão[12].

§ 7. Assim como o desespero e a segurança, embora sejam contrários, produzem os mesmos efeitos, observa-se que a ausência também tem efeitos contrários, e que em diferentes circunstâncias pode tanto aumentar como diminuir a afecção. La Rochefoucauld observa com razão que a ausência destrói as paixões fracas e aumenta as fortes, como o vento, que apaga a vela e alimenta as chamas[13]. A longa ausência naturalmente enfraquece nossa ideia e diminui a paixão; mas, se esta é suficientemente forte e vivaz para se sustentar por si mesma, o incômodo que desperta da ausência aumenta a paixão e a torna ainda mais forte e influente.

§ 8. Quando a alma se dedica a uma ação extraordinária ou concebe um objeto a que não está acostumada, nota-se certa inflexibilidade nas faculdades, uma dificuldade dos humores para tomarem a nova direção. Porquanto excite os humores, a dificuldade é fonte de admiração, de surpresa e de todas as emoções

---

[12] Ver *Tratado da natureza humana*, II.3.4, e o ensaio "Da tragédia". [N.T.]
[13] La Rochefoucauld, *Maximes, suivies de réflections diverses* (1665-1678). Hume parafraseia a máxima 276: "L'absence diminue les médiocres passions, et augmente les grandes, comme le vent éteint les bougies et allume le feu". [N.T.]

que despertam com a novidade, e é em si mesma agradável, como tudo o que revigora a mente em grau moderado. Mas, embora a surpresa seja em si mesma agradável, ela agita os humores, e, de acordo com o princípio precedente, multiplica não somente nossas sensações agradáveis como também as dolorosas. Por isso, tudo o que é novo nos afeta com um prazer e uma dor maiores do que tudo o que se segue naturalmente do objeto. Quando retorna com frequência, a novidade se desgasta, as paixões se aquietam, a animação arrefece, e examinamos o objeto tranquilamente.

§ 9. Imaginação e afecções estão intimamente unidas. A vivacidade da primeira intensifica as últimas. Por isso, a perspectiva de um prazer que conhecemos nos afeta mais do que qualquer outro prazer superior, cuja natureza, porém, ignoramos *inteiramente*. Do prazer conhecido formamos uma ideia particular determinada; o prazer desconhecido, nós o concebemos segundo uma noção geral de prazer.

Qualquer satisfação de que desfrutamos recentemente e de que tenhamos uma memória fresca e recente opera na vontade com mais violência do que outra, cujos traços se atenuaram ou se apagaram.

Um prazer conveniente ao nosso modo de vida excita mais nosso desejo e apetite do que outro, estranho a ele.

Nada é tão apropriado para infundir uma paixão na mente como a eloquência com que objetos são representados nas cores mais fortes e vivas[14]. A simples opinião alheia, especialmente se reforçada pela paixão, nos leva a considerar uma ideia que, de outra maneira, negligenciaríamos.

É notável como paixões vivazes acompanham uma imaginação vivaz. Nesse caso como em outros, a força da paixão depende

[14] Ver a respeito o ensaio "Da eloquência". [N.T.]

tanto do temperamento da pessoa quanto da natureza ou situação do objeto.

O que é distante no espaço ou no tempo não tem a mesma influência que o próximo ou contíguo.

* * *

Não pretendo aqui ter esgotado o assunto. É suficiente, para o meu propósito, ter mostrado como, na produção e na conduta das paixões, há um mecanismo regular, suscetível de uma disquisição tão acurada quanto as leis do movimento, da ótica, da hidrostática ou de qualquer outra parte da filosofia natural.

HISTÓRIA NATURAL DA RELIGIÃO

Introdução

Se toda investigação a respeito da religião é de suma importância, duas questões em especial reclamam nossa atenção: seu fundamento na razão e sua origem na natureza humana. Felizmente, a primeira e mais importante é também a mais suscetível de clara, ainda que não óbvia solução. O molde inteiro da natureza declara um autor inteligente; e nenhum investigador racional poderia, após séria reflexão, suspender, por um momento que fosse, a crença nos princípios primeiros do teísmo e da religião genuína. A outra questão, a respeito da origem da religião na natureza humana, expõe-se a alguma dificuldade. A crença num poder inteligente invisível sempre foi difundida na raça humana, em todos os lugares e épocas; mas talvez não seja tão universal que não admita exceção, e as ideias que sugere talvez não sejam tão uniformes. Descobriram-se nações que, a crermos nos viajantes e historiadores, não teriam qualquer sentimento de religião; e não há duas nações ou homens com sentimentos precisamente iguais. Parece assim que esse preceito não brota de um instinto original ou de uma impressão primária natural, mas, ao contrário, do mesmo gênero de instinto que desperta o amor próprio, a afeição entre os sexos, o amor pela prole, a gratidão e o ressentimento que constatamos serem universais, em todas as épocas e nações, e dotados de um objeto determinado e preciso, a ser perseguido inflexivelmente. Os primeiros princípios religiosos são posteriores;

e, além de serem facilmente corruptíveis por acidentes e causas os mais variados, sua operação amiúde é impedida pela concorrência de circunstâncias extraordinárias. De quais princípios desperta a crença original, quais acidentes e causas direcionam sua operação, tais são os objetos da presente investigação.

Seção I
Que o politeísmo foi a primeira religião dos homens

Parece-me que se considerarmos o aprimoramento da sociedade humana, desde os seus rudimentares primórdios até uma condição mais perfeita, veremos que o politeísmo ou idolatria terá sido, necessariamente, a primeira e mais antiga religião dos homens. Tentarei confirmar essa opinião com os argumentos seguintes.

É matéria de fato incontestável que o gênero humano, há cerca de 1.700 anos, era inteiramente politeísta. Os princípios de dúvida e ceticismo de uns poucos filósofos, e o teísmo não inteiramente puro de duas nações, não formam objeção digna de ser considerada. Observai o claro testemunho da história. Quanto mais remota a antiguidade, mais imerso no politeísmo se encontram os homens, sem nenhum sinal ou marca de religião mais perfeita. Os mais antigos registros da raça humana mostram que o politeísmo era o sistema adotado pelo credo popular. Norte e Sul, Leste e Oeste dão unânime testemunho do mesmo fato. O que poderia se opor a uma evidência tão plena?

Até onde alcançam a escrita ou a história, o gênero humano parece ter sido, em tempos antigos, universalmente politeísta. Poderia alguém alegar que em tempos mais remotos, antes do conhecimento das letras ou da descoberta das artes e ciências, os homens teriam concebido princípios de puro teísmo? Que eles, ignorantes e bárbaros, teriam descoberto a verdade, caindo no erro após adquirirem instrução e polidez?

Uma asserção como essa contradiz não apenas toda aparência de probabilidade como também a experiência atual de princípios e opiniões das nações bárbaras. São idólatras todas as tribos selvagens da América, da África e da Ásia. Não há exceção a essa regra. Tanto é assim, que se um viajante se deslocasse para uma região desconhecida e ali encontrar habitantes cultivados por artes e ciências, não poderia decidir ao certo, antes de investigar, se seriam ou não teístas (o contrário é o mais provável). Mas, se encontrasse habitantes bárbaros e ignorantes, seria praticamente impossível que se equivocasse, caso afirmasse, de antemão, que são idólatras.

De acordo com o progresso natural do pensamento humano, parece certo que a multidão ignara precisaria conceber uma noção abjeta e familiar de poderes superiores antes de estender sua concepção até o ser perfeito que ordenou o molde inteiro da natureza. É tão razoável imaginar que os homens tenham habitado palácios antes de cabanas e casebres ou estudado geometria antes de agricultura, quanto asseverar que a deidade tenha parecido a eles puro espírito, onisciente, onipotente e onipresente, antes de apreenderem um ser poderoso, embora limitado, com paixões e apetites, membros e órgãos humanos. A mente ascende, por graus, do mais baixo ao mais alto. Por abstração do imperfeito, forma uma ideia de perfeição; distinguindo lentamente, em seu próprio molde, as partes mais nobres das mais grosseiras, aprende a transferir à divindade somente as devidamente apuradas e refinadas. Nada perturba o progresso natural do pensamento, senão argumentos óbvios e invencíveis, capazes de, sem mediação, introduzir a mente no teísmo, permitindo que ela transponha, com um salto, o vasto abismo que se interpõe entre a natureza humana e a natureza divina. Reconheço que a ordem e o molde da natureza, se examinados com argúcia, permitem um argumento como esse; mas jamais poderia pensar que essa consideração pudesse influenciar o gênero humano na formação de suas mais primárias e rudimentares noções de religião.

As causas dos objetos a que estamos acostumados não chamam nossa atenção nem despertam nossa curiosidade. Por mais extraordinários e surpreendentes que sejam, a crua e ignorante multidão despreza-os, sem examiná-los ou investigá-los. Adão no paraíso, tal como representado por Milton[1], com as faculdades maduras, naturalmente se espanta com as gloriosas aparições naturais, como os céus, o ar, a terra e os seus próprios órgãos e membros, e indaga-se da origem de tão bela cena. Mas um animal bárbaro e precário, assolado por inúmeras carências e paixões, como é o homem na origem da sociedade, não tem tempo para admirar a face regular da natureza nem para investigar a causa dos objetos a que se acostumou desde a infância. Ao contrário, quanto mais regular e uniforme a natureza — quer dizer, quanto mais perfeita ela pareça —, maior sua familiaridade com ela e menor sua inclinação a examiná-la. Um rebento monstruoso excita sua curiosidade, parece-lhe um prodígio; assustado, ele treme, sacrifica, reza. Um animal com membros e órgãos completos oferece, ao contrário, um espetáculo ordinário, que não produz nenhuma opinião ou afecção religiosa. Se perguntasses a ele de onde vem esse animal, ele diria: da cópula de progenitores. E estes outros, de onde viriam? A resposta é a mesma. Uns poucos passos satisfazem sua curiosidade e são suficientes para que ponha de lado o objeto. Não imaginai que ele pudesse perguntar de onde viria o primeiro animal, menos ainda o sistema total, a estrutura

---

[1] John Milton. *Paraíso Perdido*, IV, abertura. [N.T.]

unificada do universo. Ou, se puserdes uma questão como essa, não esperai que ele ocupe a mente com ansiedade a respeito de um objeto tão distante e desinteressante, que em muito excede os limites de sua capacidade.

Supondo que os homens, raciocinando a partir da moldura da natureza, tivessem chegado à crença num ser único superior, eles jamais poderiam tê-la abandonado para adotar o politeísmo. Os mesmos princípios de razão que primeiro produziram e difundiram uma tão magnífica opinião poderiam ainda mais facilmente preservá-la. É bem mais difícil inventar e provar uma doutrina do que sustentá-la e mantê-la.

Uma diferença notável entre fatos históricos e opiniões especulativas é que o conhecimento daqueles não se propaga como o destas. Um fato histórico, incorporado à tradição oral por via de testemunhos oculares, desfigura-se através de sucessivas narrações, restar pouca ou nenhuma semelhança com a verdade original em que ele se funda. A frágil memória dos homens, seu gosto pelo exagero e seu supino descaso são princípios que, quando não são corrigidos pela escrita e pelos livros, não demoram a perverter a explicação de eventos históricos. Argumento e raciocínio têm pouca utilidade para recuperar a verdade que se perdeu nas narrações. É de supor que fábulas como as de Hércules, Teseu ou Baco tenham se originado em histórias verdadeiras corrompidas pela tradição. Com opiniões especulativas, o caso é outro. Se estiverem fundadas em argumentos tão claros e óbvios que angariem a convicção dos homens em geral, os argumentos mesmos preservarão a pureza original das opiniões por eles difundidas. Mas, se as opiniões forem mais abstrusas, e excederem a apreensão vulgar, restringir-se-ão a poucos homens; e estes, quando deixarem de contemplar os argumentos, as relegarão ao esquecimento. Seja como for, parece impossível que o teísmo, que se baseia no raciocínio, tenha sido a primeira religião da raça humana, e, uma vez corrompido, tenha dado à luz o politeísmo e as superstições do mundo pagão. Se os princípios são óbvios, a razão não permite que sejam corrompidos; se são abstrusos, ela impede que o vulgo, que é o grande responsável pela corrupção das opiniões, venha a conhecê-los.

Seção II
Origem do politeísmo

Portanto, se quisermos satisfazer nossa curiosidade na investigação da origem da religião, deveremos voltar o pensamento para o lado do politeísmo, primeira religião do ignorante gênero humano.

Se a contemplação das obras da natureza introduzisse os homens na apreensão de um poder invisível e inteligente, eles não poderiam deixar de conceber um ser único que teria dado existência e ordem a esse vasto mecanismo e ajustado cada uma de suas partes de acordo com um mesmo plano regular ou sistema coordenado. E embora o perfil da mente de alguns seja tal que não consideram inteiramente absurda a possibilidade de que muitos seres independentes, dotados de sabedoria superior, tenham conspirado para conceber e executar um mesmo plano regular, essa suposição é arbitrária, e, mesmo que possível, não é nem plausível nem necessária. É evidente que todas as coisas no universo são partes de uma mesma peça: cada coisa se ajusta a outra; um mesmo desígnio se impõe ao todo. Essa uniformidade é o que leva a mente a reconhecer um único autor. A concepção de diferentes autores, sem nenhuma distinção de atributos e operações, apenas confunde a imaginação sem satisfazer o entendimento. A estátua de Laocoonte, informa Plínio[2], é obra de três artistas; é certo, porém, que, não fosse por essa informação, jamais poderíamos imaginar que um grupo de figuras entalhadas na mesma pedra e unidas num mesmo plano seria obra e concepção de mais de um estatuário. Atribuir um efeito singular à combinação de muitas causas certamente não é uma suposição natural ou óbvia.

Contudo, se deixarmos de lado as obras da natureza e buscarmos pelos vestígios de um poder invisível nos variados e contrários acontecimentos da vida humana, seremos inevitavelmente conduzidos ao politeísmo e a reconhecer muitas deidades limitadas imperfeitas. Temporais e tempestades arruínam o que o sol nutriu; o sol destrói o mosto que o orvalho e a chuva fomentaram; a guerra acomete uma nação faminta e aflibida por estações inclementes; doença e pestilência despovoam um reino de profusa abundância; uma nação não tem o mesmo êxito na terra e no mar; os que hoje triunfam sobre os inimigos, amanhã tombam diante de um exército mais poderoso. Em suma, a condução dos acontecimentos é tão repleta de variedade e incerteza, que se supuséssemos que são imediatamente ordenados por seres inteligentes, por providências distintas, dotadas, cada uma delas, de um *plano*, teríamos de reconhecer uma contrariedade de desígnios e intenções, um incessante embate de poderes opostos, e diríamos que cada um deles, por impotência ou leviandade, se arrependeria, e mudaria de intenção. Cada nação tem sua deidade tutelar; cada elemento se submete a um poder ou agente invisível; cada deus possui sua própria província. As operações de um mesmo deus nem sempre são certas e invariáveis: hoje ele nos protege, amanhã nos abandona. Preces e sacrifícios, ritos e cerimônias, quaisquer que sejam, são a fonte do obséquio ou ira que produz a boa ou má fortuna dos homens.

[2] Plínio, *História natural*, XXXVI. [N.T.]

Portanto, podemos concluir que em todas as nações que adotaram o politeísmo as primeiras ideias de religião vieram não da contemplação de obras da natureza, mas da preocupação com a vida e da incessante atuação da esperança e do temor na mente humana. De acordo com isso, os idólatras, atribuindo províncias distintas a cada deidade, apelam ao agente invisível à cuja autoridade estão imediatamente sujeitos, e cuja providência superintende o curso das ações a cada um concernentes numa dada ocasião. Juno é evocada em casamentos, Lucina em nascimentos; Netuno recebe preces de marinheiros, Marte de guerreiros; o lavrador cultiva o campo protegido por Ceres, o mercador reconhece a autoridade de Mercúrio. Cada ocorrência natural é supostamente governada por um agente inteligente: prosperidade e adversidade na vida dependeriam de preces e ações de graça[3].

É preciso reconhecer que para que os homens prestem atenção no que se desvia do presente curso das coisas, e sejam levados a inferir um poder inteligente invisível, é necessário que atue neles uma paixão que desperte seu pensamento e reflexão, um motivo que reclame investigação. Qual paixão explicaria os efeitos de consequências tão relevantes? Não certamente a curiosidade especulativa, o puro amor da verdade. Um motivo como esse seria refinado demais para apreensões tão grosseiras, e incitaria o homem a investigar a moldura da natureza, objeto excessivamente grande e abrangente para capacidades tão estreitas. É de supor, assim, que as únicas paixões capazes de operar em bárbaros são as afecções ordinárias da vida humana, como o anseio de

---

[3] *Fragilis et laboriosa mortalitas in partes ista digessit, infirmitatis saue memor, ut portionibus quisquis coleret, quo máxime indigeret*" ["A frágil e penosa mortalidade, considerando sua própria fraqueza, dividiu os deuses em grupos, para louvar em separado a deidade mais necessária".] Plínio, *História natural*, II, 5, 15. Já no tempo de Hesíodo eram 30 mil as deidades; mas teria excedido esse número o de tarefas a serem executadas. *Os trabalhos e os dias*, I, 250. As províncias das deidades eram tão subdivididas que havia um deus do *espirro*. Ver Aristóteles. *Problemas*, XXXIII, 7, 9. A província da copulação, consoante sua importância, era compartilhada por muitas deidades.

felicidade, o receio de desgraça futura, o terror frente à morte, o desejo de vingança, a fome e outras necessidades. Agitados por esperanças e especialmente por temores dessa natureza, trêmulos de ansiedade, os homens escrutinam o curso de causas futuras a partir do exame de várias e contrárias ocorrências da vida humana, e com olhos de espanto descortinam, na cena de desordem, os primeiros traços obscuros de uma divindade.

Seção III
Continuação do mesmo tópico

Estamos neste mundo como se fosse num grande teatro. Desconhecemos inteiramente os mecanismos e as causas de cada acontecimento, e não temos sabedoria suficiente nem para prever nem para evitar os males que nos ameaçam continuamente. Balançamos suspensos, entre a vida e a morte, a saúde e a doença, a fartura e a carência, consignados aos homens por causas secretas e desconhecidas, cuja operação, frequentemente inesperada, é sempre inexplicável. *Causas desconhecidas*, por isso, são o objeto constante de nossa esperança e temor. As paixões se mantêm alertas na ansiosa expectativa do porvir; a imaginação cuida de formar ideias de poderes de que dependemos inteiramente. Se os homens, porém, dissecassem a natureza de acordo com a filosofia mais provável, ou ao menos mais inteligível, veriam que tais causas são a armação e a estrutura peculiares de seus próprios corpos e dos objetos externos, e que um mecanismo constante e regular produz as ocorrências que tanto os concernem. Essa filosofia, porém, excede a compreensão da multidão ignorante, que só concebe *causas desconhecidas* de maneira geral e confusa, por mais que sua imaginação, ocupando-se perpetuamente do mesmo objeto, trabalhe para formar delas uma ideia distinta e peculiar. Quanto mais consideram tais causas, em si mesmas e na incerteza de sua operação, menos satisfatória é sua pesquisa; e, não fosse a propensão da natureza humana a encontrar um sistema minimamente satisfatório, abandonariam inteiramente uma empreitada tão árdua.

Encontra-se nos homens uma tendência universal de conceber todos os seres tal como concebem a si mesmos, e transferir, para cada objeto, qualidades conhecidas e familiares de que tenham consciência em seu íntimo. Vemos rostos humanos na lua, exércitos nas nuvens; e, por uma propensão natural, se não for corrigida por experiência e reflexão, atribuímos malícia ou bondade a tudo o que nos desgoste ou nos apraza. Por isso é tão frequente e tão bela, na poesia, a *prosopopeia*, em que as árvores, montanhas e riachos são personificados e as partes inanimadas da natureza adquirem sentimento e paixão. Figuras e expressões poéticas, por mais que não conquistem a crença, provam que há na imaginação uma tendência, sem a qual elas não seriam nem belas nem naturais. Mas não é sempre que o deus fluvial e a hamadríade[4] são tomados por personagens meramente poéticos ou imaginários; às vezes, entram na crença do vulgo ignorante, que representa campos e prados como se fossem dotados de um *gênio* peculiar, habitados e protegidos por um poder invisível. Mesmo os filósofos estão sujeitos a essa fraqueza natural, e muitas vezes atribuem, à matéria inanimada, horror ao *vácuo*, simpatia e antipatia e outras afecções próprias da natureza humana. O absurdo não é menor só porque olhamos para o alto e transferimos à deidade paixões e enfermidades humanas e a representamos ciumenta e vingativa, caprichosa e parcial, exatamente como se fosse um homem mau e tolo, apenas mais poderoso e com maior autoridade. Não

---

[4] Divindade dos bosques. [N.T.]

admira assim que os homens, ignorando inteiramente as causas de sua fortuna e apreensivos em relação ao futuro, reconheçam prontamente que dependem de poderes invisíveis dotados de sentimento e inteligência. As *causas desconhecidas* que se apoderam de seu pensamento têm todas o mesmo aspecto, e são apreendidas como se pertencessem a um mesmo gênero ou espécie; para que se tornem semelhantes a nós, basta que lhes sejam atribuídos pensamento, razão, paixão, membros e figura humana.

Constata-se que quanto mais a vida de um homem é governada por acidentes, mais supersticioso ele é; como se observa, por exemplo, em batoteiros ou marinheiros, incapazes de séria consideração, pródigos nas mais frívolas superstições e apreensões. Os deuses, diz Coriolano em Dionísio[5], influenciam cada uma das nossas ocupações, mas principalmente a guerra, cujo desfecho é sempre tão incerto. A vida humana, especialmente antes da instituição de ordem e bom governo, está inteiramente sujeita a acidentes fortuitos. É natural, assim, que a superstição predomine e se dissemine em épocas bárbaras, levando os homens a investigar com afinco os poderes invisíveis de que dependeriam sua felicidade ou desgraça. Ignorantes de astronomia, da anatomia de plantas e animais, desinteressados da observação do admirável ajuste de causas finais, não chegam a um criador primeiro e supremo, espírito infinitamente perfeito, todo-poderoso, que, mediante sua vontade, atribuiu uma ordem à moldura inteira da natureza. Uma ideia tão magnífica como essa excede em muito as estreitas concepções dos que não observam a beleza da obra e não compreendem o autor. Supõem que as deidades, potentes e invisíveis, não seriam mais que uma espécie de criatura humana, quiçá surgida entre os homens, com todas as suas paixões e os seus apetites, além de membros e órgãos corpóreos como

---

[5] Dionísio de Halicarnasso, *Antiguidades romanas*, VIII, 2, 2.

os seus, e que cada um desses seres, que governaria o destino dos homens, seria, contudo, limitado, e incapaz de ampliar sua influência. Para dar conta da variedade de acontecimentos na natureza, multiplicam esses seres; em toda parte há multidões de deidades locais. Explica-se assim a predominância do politeísmo, desde o início até os dias de hoje, junto à parcela ignorante do gênero humano[6].

Qualquer afecção humana, esperança ou medo, gratidão ou aflição, pode nos levar à noção de um poder inteligente invisível. Mas, se examinarmos nosso próprio coração ou observarmos o que se passa à nossa volta, veremos que é mais comum que os homens se rendam à melancolia do que a paixões agradáveis. Aceitamos bem a prosperidade como nosso quinhão, sem indagarmos da sua causa ou autor, pois ela desperta animação, bom humor e alacridade, e propicia um vivo desfrute de cada prazer, social ou sensual. Num estado de espírito como esse, os homens não encontram nem tempo nem inclinação para pensar em regiões invisíveis desconhecidas. Por outro lado, um incidente desastroso alarma-nos e nos põe a investigar os princípios responsáveis por ele; apreensões quanto ao futuro despertam; e a mente, tomada por dificência, terror e melancolia, recorre a qualquer método que possa apaziguar os sagrados poderes inteligentes de que dependeria a nossa fortuna.

Nenhum tópico é tão usual entre nossos teólogos populares quanto a miséria, que daria aos homens o devido senso de religião, sobrepujando a confiança e a exuberância que, em tempos de

---

[6] Estas linhas de Eurípides são tão convenientes para o presente propósito, que não posso deixar de citá-las: Ούχ στιν Πιστν, ούτ' εύδοξία/ Ούτ αή χαλώς πράσσοντα μή πράξειν χαχώ./ Φύρονσι δ' αύθ' οί θεοί πάλιντ ε χαί πρόσω,/ Ταραγμόν εντιθέντες, ώς άγνωσία/ Ζέβωμεν αύτούς. (Écuba, 956 ss.). "Não há no mundo segurança alguma: tampouco glória ou prosperidade. Os deuses lançam a vida dos homens em confusão, e misturam cada coisa com o seu reverso, para que nós, ignorantes e temerosos, lhes sejamos ainda mais submissos e reverentes".

prosperidade, os tornam desdenhosos de uma providência divina. Esse tópico, porém, não é exclusivo de religiões modernas; os antigos também recorreram a ele. "A fortuna", diz um historiador grego[7], "jamais concede aos homens, liberalmente e sem inveja, uma felicidade pura, mas usa de seus dotes para conjugar circunstâncias desastrosas e forçá-los à reverência dos deuses, que são assim resgatados do esquecimento e da negligência a que os relegam os homens, quando desfrutam de prosperidade ininterrupta". Qual a época ou período da vida mais suscetível à superstição? O mais fraco e recatado. Qual o sexo? A resposta é a mesma. "As mulheres", diz Estrabão[8], "lideram e dão o exemplo em todo gênero de superstição. Incitam os homens à devoção, à súplica e ao respeito pelos feriados religiosos. Dificilmente se encontra um homem que viva longe das mulheres e respeite essas práticas. Por essa razão, nada é mais improvável do que o relato de uma ordem de homens que, junto aos Getes, praticariam o celibato e seriam fanáticos religiosos". Esse método de raciocínio pode dar uma ideia equivocada da devoção monástica. A experiência, talvez não tão comum nos dias de Estrabão, mostra que é possível praticar o celibato, professar a castidade e, ao mesmo tempo, manter a mais íntima conexão e a mais perfeita simpatia com as do sexo pio e temeroso.

Seção IV
Que o politeísmo não considera as deidades como criadoras ou formadoras do mundo

O único ponto de teologia a respeito do qual há consentimento universal é que existe no mundo um poder invisível inteligente. Mas

[7] Deodoro Sículo, *Biblioteca de história*, III, 47, 1.
[8] Estrabão, *Geografia*, VII, 4.

os sistemas populares de teologia discordam quanto a saber se ele seria supremo ou subordinado, exclusivo ou difuso, e que atributos, qualidades, conexões e princípios de ação caberia atribuir a esse ou a esses seres. Nossos ancestrais europeus acreditavam, antes do renascimento das letras, como hoje acreditamos, na existência de um Deus único supremo, autor da natureza, cujo poder, em si mesmo irrestrito, seria exercido pela frequente interposição de anjos e ministros subordinados, responsáveis pela execução dos propósitos sagrados. Acreditavam, além disso, que a natureza inteira estava repleta de outros poderes invisíveis, como fadas, gnomos, elfos e duendes, mais fortes e mais poderosos que os homens, mas muito inferiores às naturezas celestiais ao redor de Deus. Suponhamos que alguém negasse, nessa época, a existência de Deus e de anjos, e reconhecesse, num raciocínio inusitado e extravagante, o fundamento de relatos populares sobre elfos e fadas; não seria justo atribuir, a essa impiedade, a pecha de ateísmo? A diferença em relação a um teísta seria infinitamente maior do que em relação a outro, que negasse todo poder inteligente invisível. É uma falácia, a partir de nomes casualmente semelhantes, classificar sob uma mesma denominação opiniões tão opostas.

Quem quer que considere atentamente a matéria, verá que os deuses dos politeístas não são melhores nem merecem mais louvor e veneração do que os elfos e fadas de nossos ancestrais. Esses pretensos religiosos, que não reconhecem nenhum ser correspondente à nossa ideia de deidade, praticam, na realidade, um gênero de ateísmo supersticioso: nenhum princípio primeiro, mental ou pensante: nenhum governo ou administração suprema: nenhuma disposição ou intenção divina, na edificação do mundo.

Os chineses castigam seus ídolos quando não têm as preces atendidas[9]. As deidades dos lapões são pedras imensas de aspecto

---

[9] Père le Comte, *Mèmoires et observations d'une voyage à l'estat de la Chine*, 1690.

inusitado[10]. Os mitologistas egípcios, para explicar o culto de animais, dizem que os deuses, afligidos pela violência de seus inimigos, os homens na terra, teriam sido obrigados a se disfarçar como feras[11]. Os cauni, nação da Ásia menor, decididos a não admitir nenhum deus estrangeiro, reúnem-se regularmente em certas épocas, e, com armas em punho, bradando lanças no ar, marcham até a fronteira para, segundo dizem, expulsar as deidades estrangeiras[12]. "Nem os deuses", ouviu César de nações germânicas, "poderiam deter os suevos"[13].

Muitos males — diz Dione à sua filha Vênus, ferida por Diomedes — infligiram os deuses aos homens, e muitos males infligiram estes, por seu turno, aos deuses[14]. Não há autor clássico em que não se encontrem grosseiras representações de deidades; e Longino[15] tem razão quando observa que essas ideias da natureza divina, se tomadas literalmente, redundariam em ateísmo.

Alguns autores[16] se surpreendem que a impiedade de Aristófanes, mais do que tolerada, fosse encenada em público e aplaudida pelos atenienses, povo supersticioso, cioso de sua própria religião pública, enquanto Sócrates era condenado à morte por incredulidade. Não consideram que as imagens risíveis e familiares com que o poeta cômico representa os deuses não são ímpias, mas genuínas, pois eram como as imagens sob as quais os antigos concebiam suas divindades. Haveria conduta mais criminosa ou baixa que a de Júpiter no *Anfitrião*?[17] E, no entanto, considerava-se

---

[10] Jean-Francois Regnard, *Voyage à Laponie*, 1681.
[11] Deodoro Sículo, *Biblioteca de história*, I, 86, 3; Luciano, *Dos sacrifícios*, XIV. Ovídio alude à mesma tradição em *Metamorfoses*, V, 321 ss. Ver também Manílio. *Astronomia*, IV, 580, 800.
[12] Heródoto, *História*, I, 172.
[13] Júlio César, *Guerra da Gália*, IV, 7.
[14] Homero, *Ilíada*, V, 382.
[15] Longino, *Do sublime*, IX, 7.
[16] Père Brumoy, *Théatre des grecs*, 3 vs., 1730. Bernard de Fontenelle, *Histoire des oracles*, 1687.
[17] Plauto, *Anfitrião*. Adaptado por Molière (1668). [N.T.]

tão lisonjeira essa peça, que representa as galantes conquistas do deus, que em Roma era encenada publicamente, para afastar a ameaça de pestilência, carência e outras calamidades públicas[18]. Os romanos consideravam que não haveria maior elogio à vaidade de Júpiter, o velhinho devasso, do que encenar seus feitos prévios de virilidade e vigor.

Xenofonte diz[19] que os lacedemônios, antes da batalha, faziam seus preces ao raiar do dia, para se antecipar a seus inimigos e predispor-se ao obséquio dos deuses, solicitando-o antes deles. A nos fiarmos por Sêneca[20], era usual que os devotos subornassem o bedel ou o sacristão do templo, para se aproximarem da imagem da deidade e se certificarem de que ela ouviria claramente suas preces e votos. Os tírios, sitiados por Alexandre, acorrentaram a estátua de Hércules para que a deidade não desertasse para as fileiras do inimigo[21]. Augusto, que perdera duas frotas para a tempestade, vingou-se de Netuno proibindo que aparecesse junto aos outros deuses na procissão pública[22]. A morte de Germânico enfureceu tanto o povo, que apedrejaram os deuses em seus templos e os renegaram abertamente[23].

Contudo, jamais poderia passar pela cabeça de um idólatra politeísta atribuir a origem e estrutura do universo a seres tão imperfeitos. Hesíodo, cujos escritos, juntamente com os de Homero, contêm o cânon completo do sistema pagão[24], supõe que deuses e homens teriam surgido igualmente de poderes naturais desconhecidos[25]. Pandora é o único exemplo, em toda

[18] Arnóbio, *Sete livros contra os pagãos*, VII, 33.
[19] Xenofonte, *Constituição dos lacedemônios*, XIII, 2-5.
[20] Sêneca, *Cartas*, 41.
[21] Curcio, *História de Alexandre*, IV, 3, 22; Deodoro Sículo, *Biblioteca de história*, XVII, 41, 8.
[22] Suetônio, *Vida dos Césares*, "O divino Augusto", 5.
[23] Suetônio, *Vida dos Césares*, "Calígula", 5.
[24] Heródoto, *História*, II, 53; Luciano, *Catecismo de Zeus*, 01; *De funerais*, 2.
[25] ς ὁμόθεν γεγάασι θεοὶ θνητοί τ'ἄνθρωποι. Hesíodo, *Os trabalhos e os dias*, 108. ["Como de uma mesma semente brotaram os deuses e os homens mortais". Tradução Jaa Torrano. São Paulo: Iluminuras, 1988]

parte na teogonia desse autor, de criação ou produção voluntária. Sua formação pelos deuses se deve unicamente ao desprezo deles por Prometeu, que dera aos homens o fogo roubado de regiões celestes[26]. Para dar conta da origem deste universo, os antigos mitologistas parecem ter preferido a ideia de geração à de criação ou formação.

Ovídio, que viveu em época instruída e aprendeu com filósofos os princípios de uma criação ou formação divina do mundo, constatou que essa ideia não concordava com a mitologia popular que ele mesmo oferecia e deixou-a como que solta, sem ligação com seu sistema. *Quisquis fuit ille Deorum?*[27] Não importa, diz ele, qual deus teria dissipado o caos e introduzido ordem no universo; certo é que não pode ter sido Saturno, Júpiter, Netuno ou nenhuma das deidades pagãs consagradas. Seu sistema teológico nada ensina a respeito; abandona a matéria sem ter chegado a uma conclusão.

Deodoro Sículo[28] começa sua obra pela enumeração das opiniões mais razoáveis concernentes à origem do mundo; mas não menciona nenhuma deidade ou mente inteligente, embora sua história evidencie que ele era mais predisposto à superstição do que à irreligião. Em outra passagem[29], quando fala dos Ictiófagos, uma nação na Índia, ele diz que é difícil determinar sua descendência e por isso deveríamos concluir, segundo a justa observação dos fisiologistas que tratam da origem de sua natureza, que seriam *aborígines*, que sua geração não teria sido marcada por um início, que essa raça teria se multiplicado desde sempre. "Em objetos como esse", acrescenta o historiador, "que excedem toda capacidade humana, pode ser que os que mais falam são os que menos sabem:

---

[26] Hesíodo, *Teogonia*, 570.
[27] Ovídio, *Metamorfoses*, I, 32.
[28] Deodoro Sículo, *Biblioteca de história*, I, 6-7.
[29] Deodoro Sículo, *Biblioteca de história*, III, 20.

com especiosa aparência de verdade, seu raciocínio não considera verdade real e matéria de fato". Um sentimento estranho, a meu ver, para um professo e zeloso homem de religião[30].

Por acidente a questão da origem do mundo entrou em sistemas religiosos da Antiguidade e veio a ser tratada por teólogos. Somente os filósofos fizeram profissão da oferta de sistemas desse gênero; e levou algum tempo para que pensassem em recorrer a uma mente ou inteligência suprema para explicar a causa primeira de tudo. Tão longe se estava, naqueles dias, de considerar como profana a explicação da origem das coisas sem uma deidade, que homens como Tales, Anaxímenes e Heráclito, que adotaram sistemas de cosmogonia, nunca foram censurados, enquanto Anaxágoras, sem dúvida o primeiro filósofo teísta, foi talvez o primeiro a ser acusado de ateísmo[31].

Sexto Empírico[32] nos diz que foi recitando estes versos de Hesíodo — "O mais antigo, Caos veio primeiro;/Depois dele a Terra, esparramada, sede de tudo"[33] — para seu preceptor, que Epicuro primeiro mostrou gênio inquisitivo, com a pergunta, "E o caos, de onde veio?". O preceptor teria aconselhado, para responder a essa questão, que ele procurasse os filósofos. Com essa deixa, Epicuro abandonaria a filologia e outros estudos para

---

[30] O mesmo autor que explica a origem do mundo sem uma deidade considera ímpio que se explicasse com causas físicas acidentes como terremotos, inundações e tempestades, que ele, devoto, atribui à ira de Júpiter e Netuno. É clara a origem de suas ideias, em matéria de religião. Deodoro Sículo, *Biblioteca de história*, XV, 48.

[31] É fácil explicar como Tales, Anaximandro e os primeiros filósofos, ateístas de fato, puderam ser ortodoxos no credo pagão; e porque Anaxágoras e Sócrates, teístas de fato, foram considerados ímpios em tempos antigos. Os poderes cegos da natureza, se produzissem homens também produziriam seres como Júpiter e Netuno; e estes, porquanto mais poderosos e mais inteligentes do que os homens, seriam objetos próprios de sua devoção. Mas, admitindo-se uma inteligência suprema como causa de tudo, esses seres caprichosos, se é que existem, só podem ser subordinados e dependentes, e devem assim ser excluídos da classe das deidades. Platão (*Leis*, X, 886) oferece essa mesma razão para a imputação, lançada contra Anaxágoras, de que teria negado a divindade de estrelas, planetas e outros objetos da criação.

[32] Sexto Empírico, *Contra os físicos*, II, 18-19.

[33] "*Eldest of beings, chaos first arose; / Next earth, wide-stretched, the seat of all*". [N.T.]

dedicar-se à ciência em que esperava encontrar satisfação para suas sublimes especulações.

E o povo comum, poderia ir tão fundo em seu sistema de religião, quando vemos que filólogos e mitologistas dificilmente chegam a mostrar alguma penetração e mesmo os filósofos que discursam sobre esses tópicos assentem à teoria mais grosseira e admitem, da noite do caos, a origem conjunta do homem e dos deuses — no fogo, na água, no ar ou num elemento qualquer, que estabelecem como governante?

Mas não é somente quanto à origem primeira que se supunha que os deuses dependeria de poderes naturais. O inteiro período de sua existência estaria sujeito ao domínio do destino, ou fado. "Pensai na força da necessidade", diz Agripa ao povo romano, "ela que submete os deuses".[34] Na mesma veia, Plínio, o Jovem[35] diz que da escuridão, do horror e da confusão subsequentes à erupção inicial do Vesúvio, muitos concluíram que a natureza inteira desabaria e deuses e homens pereceriam em comum ruína.

É preciso, contudo, muita complacência para dignificar, com o nome de religião, sistemas teológicos tão imperfeitos, e promovê-los ao nível de sistemas fundados em princípios mais justos e sublimes. De minha parte, dificilmente poderia reconhecer como merecedores da honorífica denominação de *teísmo* sistemas como os de Marco Aurélio, Plutarco e outros estoicos e acadêmicos, de resto, muito mais refinados do que a superstição pagã. Assim como a mitologia pagã lembra o antigo sistema europeu de seres espirituais — sem Deus e os anjos, com fadas e duendes —, pode-se dizer que o credo desses filósofos exclui a deidade e mantém anjos e fadas.

---

[34] Dionísio de Halicarnasso, *Antiguidades romanas*, VI, 54.
[35] Plínio, o Jovem, *Cartas*, VI, 20, 11-14.

Seção V
Formas variadas de politeísmo:
alegoria e culto heroico

Nossa principal ocupação, no entanto, é considerar o grosseiro politeísmo do vulgo e remeter suas variadas manifestações aos princípios da natureza humana dos quais derivam.

Quem quer que tenha aprendido, por meio de argumentos, a existência de um poder inteligente invisível, terá raciocinado necessariamente a partir da admirável disposição de objetos naturais, e pressupõe o mundo como artesanato do ser divino, causa original de todas as coisas. O politeísta vulgar, por sua vez, não admite essa ideia; deifica cada uma das partes do universo e concebe a conspícua produção da natureza, realmente e em si mesma, como inteiramente divina. De acordo com esse sistema, sol, lua e estrelas seriam todos deuses; fontes seriam habitadas por ninfas, árvores por hamadríades. Aos olhos do politeísta, animais como macacos, cães e gatos também podem despertar veneração religiosa e se tornar sagrados. Por mais poderosa que seja a propensão dos homens a acreditar num poder inteligente invisível na natureza, igualmente poderosa é sua propensão a fixar a atenção em objetos sensíveis e visíveis. Para conciliar essas inclinações opostas, unem o poder invisível a um objeto visível.

A atribuição de províncias distintas para cada deidade também é apta a causar as alegorias físicas e morais que entram nos sistemas vulgares de politeísmo. É natural representar o deus da guerra como furioso, cruel, e impetuoso; o da poesia, como elegante, polido, e amável; o do comércio (especialmente em tempos antigos), como trapaceiro e traiçoeiro. É verdade que muitas das supostas alegorias de Homero e de outros mitologistas são tão extravagantes, que os mais sensatos tendem a rejeitá-las por completo, como meras produções da fantasia e da invenção de críticos e comentadores. Um mínimo de reflexão mostra, porém, o irrecusável papel da alegoria na mitologia pagã. Cupido, filho de Vênus; as Musas, filhas da Memória; Prometeu, o irmão sábio, Epimeteu o tolo; Higieia, deusa da saúde, descende de Esculápio, deus da medicina: quem não vê, nessas e em muitas outras instâncias, traços plenos de alegoria? É quase inevitável, pela via de similitude e comparação, naturalmente tão agradável à mente humana, que o deus que supostamente preside uma paixão, um evento ou um sistema de ações tenha uma genealogia e atributos e aventuras condizentes com seu poder e influência.

Não devemos esperar que alegorias inteiramente perfeitas sejam produzidas pela ignorância e a superstição; poucas obras de gênio requerem uma mão mais sutil ou são mais difíceis de realizar a bom tento. Que Medo e Terror sejam filhos de Marte, é justo; mas de Vênus?[36] Que Harmonia seja filha de Vênus, é regular; mas de Marte?[37] Que Sono seja irmão de Morte, é condizente; mas enamorado das Graças?[38] Diante de equívocos tão grosseiros e palpáveis, não haveria porquê esperar, dos mitologistas antigos, as refinadas e sofisticadas alegorias que alguns tentam deduzir de suas ficções.

Lucrécio, seduzido pela viva aparência de alegoria que se observa nas ficções pagãs, começa por se recomendar a Vênus, poder gerador que anima, renova e embeleza o universo; mas é incoerente, quando roga à alegórica deusa que apazigue as fúrias do mitológico Marte[39]. Essa ideia não se extrai da alegoria, mas da religião popular; e o epicurista Lucrécio não poderia admiti-la sem inconsistência[40].

[36] Hesíodo, *Teogonia*, 933 ss.
[37] Plutarco, *Vidas paralelas*, "Pelópides", 19.
[38] Homero, *Ilíada*, XIV, 264 ss.
[39] Lucrécio, *Da natureza*, 1-42.
[40] Esse parágrafo aparece em nota na edição de 1757. [N.T.]

As deidades do vulgo são tão pouco superiores a criaturas humanas, que se os homens são afetados por fortes de sentimentos de veneração ou gratidão, por um herói ou benfeitor público, e é muito natural que o convertam num deus e reforcem, dessa maneira, as legiões celestes com recrutas humanos. É de supor que a maioria dos deuses do mundo antigo tenham sido homens, exibidos em *apoteose* para admiração e afeição do povo. A verdadeira história dessas divindades, corrompida pela tradição e exagerada pelo maravilhoso, tornou-se uma fonte inesgotável de fábulas, especialmente ao passar pelas mãos de poetas, alegoristas e sacerdotes, que souberam tirar proveito da admiração e estupefação da multidão ignorante.

Pintores e escultores também vieram compartilhar os dividendos dos mistérios sagrados. Oferecendo aos homens representações sensíveis de divindades travestidas em figura humana, ajudaram a promover a devoção pública e a determinar seu objeto. Provavelmente, a inexistência dessas artes em épocas rudes e bárbaras foi o que levou os homens a deificarem plantas, animais e mesmo a matéria bruta desorganizada: preferiram afixar divindade a formas tão deselegantes a ficar sem objeto de devoção. Se um estatuário da Síria tivesse formado, em tempos remotos, uma figura justa de Apolo, a pedra cônica Heliogábalo jamais teria sido adotada como representação da deidade solar, nem teria se tornado objeto da mais profunda adoração[41].

Estilpo foi banido pelo conselho do Areópago por dizer que a Minerva da cidadela não era uma deusa, mas uma criação do escultor Fídias[42]. Se atenienses e areopagitas tinham concepções tão

---

[41] Herodiano, *História do Império*, V, 3, 3-5. Júpiter Amon é representado por Curcio como deidade de mesmo gênero. *História de Alexandre*, IV, 7, 23. Os árabes e os persas, mais tolos que os egípcios, também adoravam pedras disformes como deidades. Arnóbio, *Sete livros contra os pagãos*, VI, 11.

[42] Diógenes Laércio, *Vidas dos filósofos*, II, 11, 116.

grosseiras, como esperar algum grau de razão na crença religiosa vulgar de outras nações?

Tais são os princípios gerais do politeísmo. Fundados na natureza humana, pouco ou nada dependem do capricho e do acaso. As *causas* de felicidade ou desgraça são geralmente muito incertas, e mal conhecidas. E, por mais que nossa ansiosa expectativa dos homens se empenhe em obter delas uma ideia determinada, não encontra melhor recurso do que representá-las como agentes inteligentes e voluntários, tais como nós mesmos, apenas com mais poder e sabedoria. A influência restrita desses agentes e sua proximidade das fraquezas humanas introduzem a variada distribuição e divisão de sua autoridade, e dão origem à alegoria. Os mesmos princípios que naturalmente levam a deificar os mais poderosos, corajosos ou sábios dentre os mortais, produzem o culto heroico, juntamente com toda forma selvagem e desregrada de história fabulosa e tradição mitológica. E, como uma inteligência espiritual invisível é um objeto demasiadamente refinado para a apreensão vulgar, os homens naturalmente afixam a ela uma representação sensível, seja com as partes mais conspícuas da natureza, seja com estátuas, imagens e quadros, que se formam em épocas mais refinadas.

Esses princípios e concepções são comuns a quase todos os idólatras, em todas as épocas e países; e também não são muito diferentes os caracteres e províncias atribuídos a cada deidade[43]. Viajantes ou conquistadores, gregos ou romanos, não tinham dificuldade de encontrar, em toda parte, divindades como as suas próprias. "Este é Mercúrio, aquela é Vênus; este é Marte, aquele é Netuno", diziam, sem se importar com o título nominal dos deuses estrangeiros. A deusa Hertha, de nossos ancestrais

---

[43] Ver Júlio César sobre a religião dos gauleses em *Guerra da Gália*, VI, 17.

saxões, teria sido, segundo a justa conjectura de Tácito[44], a *Mater Tellus* dos romanos.

Seção VI
Origem do teísmo no politeísmo

A doutrina de um deus único e supremo, autor da natureza, é muito antiga, e disseminou-se em grandes e populosas nações, onde foi adotada por homens de toda classe e condição. Quem pensa, porém, que esse êxito se deve à prevalência das invencíveis razões que sem dúvida alicerçam essa doutrina, desconhece a ignorância e a estupidez do populacho, bem como os incuráveis preconceitos que favorecem suas superstições peculiares. Mesmo na Europa de nossos dias, se perguntares a um homem do vulgo a razão de sua crença no onipotente criador do mundo, ele não mencionará as belas causas finais, que ignora inteiramente, não te mostrará as mãos, para que contemples a flexibilidade e a variedade das falanges dos dedos, como estes se dobram na mesma direção, a contraposição do polegar, as suaves e robustas partes da palma, nenhum dos detalhes que predispõem esse membro ao uso que lhe foi destinado. Há muito que está acostumado a isso tudo, coisas que contempla com descaso e distração. Mas não deixará de mencionar a morte súbita e inesperada de um conhecido, a doença de outro, a estiagem numa estação, o frio e as chuvas em outra; o que ele atribui à imediata operação da providência. Os acontecimentos que oferecem à sã razão as maiores dificuldades para admitir uma inteligência suprema, são, para ele, o único argumento de sua existência.

---

[44] Tácito, *Germânia*, 40. [Mater Tellus: deusa tectônica da fertilidade.]

Os mais zelosos e refinados teístas negam providências *distintas* e asseguram que a mente soberana, ou princípio primeiro de todas as coisas, teria fixado leis gerais que governam a natureza, dando a elas livre e ininterrupto curso, sem perturbar, a cada instante, com volições particulares, a sólida ordem dos acontecimentos. Da bela conexão e da rígida observância de regras estabelecidas, dizem eles, extraímos os principais argumentos em prol do teísmo: os mesmos princípios habilitam-nos a responder às principais objeções contra ele. Mas os homens em geral dificilmente chegam a compreender esses argumentos, e desconfiam da piedade de quem atribui tudo o que acontece a causas naturais e descarta a interposição de uma deidade distinta. "Um punhado de filosofia", diz Lorde Bacon, "torna os homens ateus; um bom bocado os devolve à religião"[45]. Os homens, ensinados a pôr o acento no lugar errado, descobrem, com um mínimo de reflexão, que a regularidade e a uniformidade são a melhor prova de um desígnio, de uma inteligência suprema, e assim reencontram sua antiga crença, reestabelecida numa fundação mais firme e duradoura.

Eventos como convulsões, desordens, prodígios e milagres naturais, embora se oponham inteiramente ao plano de um superintendente sábio, impressionam os homens com os mais fortes sentimentos de religião. É então que as causas dos eventos parecem mais desconhecidas e inexplicáveis. Loucura, fúria, raiva, imaginação inflamada, disposições que rebaixam os homens quase ao nível de animais, seriam, por essa mesma razão, as únicas que nos facultariam comunicação imediata com a deidade.

Se em nações em que a doutrina do teísmo foi adotada o vulgo em geral a sustenta com opiniões irracionais e supersticiosas, é

---

[45] Paráfrase de Bacon, "Of Atheism", in: *Essays* (1625): *it is true that a little philosophy inclineth man's mind to atheism, but depth in philosophy inclineth man's mind about to religion*: "é verdade que um pouco de filosofia inclina a mente do homem para o ateísmo; mas a profundidade filosófica inclina a mente de volta para a religião". [N.T.]

lícito concluir que tenham sido levados a ela não por um processo de argumentação, mas por uma sequência de pensamento mais conveniente ao seu gênio e capacidade.

É possível encontrar, em nações idólatras, a par da admissão da existência de muitas deidades limitadas, um deus que é objeto de culto e adoração especial. Os homens podem supor que na distribuição de poder e território entre os deuses, sua nação teria sido ofertada à jurisdição de uma deidade particular. Ou então, moldando objetos celestes a coisas terrenas, podem representar um deus como príncipe ou magistrado, superior a outros deuses, que tendo a mesma natureza que a sua, seriam governados por ele, com autoridade semelhante à do suserano sobre seus súditos e vassalos. Não importa se o deus é tido como patrono ou se como soberano celeste; seus devotos recorrem a todas as artes, no empenho de angariar sua predileção. Supondo que agradariam ao deus como se agradam a si mesmos, com encômio e adulação, os homens se dirigem a ele com os mais superlativos elogios. Quanto mais prementes os seus medos e expectativas, mais numerosos os rompantes de adulação; aquele que supera os precedentes na exaltação dos títulos da divindade certamente será superado pela invenção de epítetos de encômio ainda mais pomposos; e assim ao infinito, que é o seu limite. Já é muito se, na tentativa de ir mais longe, representam uma simplicidade magnífica em vez de introduzir um mistério inexplicável que destruiria a natureza inteligente de sua deidade, única fundação de culto ou adoração racional. Se sua representação se confinar à noção de um ser perfeito, criador do mundo, é apenas por acaso que ela coincidirá com os princípios da razão e da verdadeira filosofia, pois o que os leva até essa noção não é a razão, de que são, em grande medida, desprovidos, mas a adulação, o medo e a superstição mais vulgar.

Em muitas nações bárbaras ou civilizadas, vemos que quando se esgotam os rompantes da adulação de príncipes autoritários e cada uma de suas qualidades já foi aplaudida à exaustão, os servis cortesãos passam a representá-los como se fossem realmente deuses, que oferecem ao povo como objeto de adoração. Ainda mais natural é um deus limitado, que antes se supunha autor de um bem ou mal particular, ser representado como soberano criador e administrador do universo.

Se a noção de uma deidade suprema, que naturalmente obscurece todo outro culto e abate todo objeto de reverência, é consagrada ao lado da opinião da existência de uma deidade tutelar subordinada, de um santo ou anjo, o culto da deidade subordinada interfere gradualmente na adoração. A Virgem Maria, que antes das restrições da Reforma era uma boa mulher, tornou-se usurpadora de atributos do todo-poderoso; Deus e São Nicolau vão juntos nas preces e rezas dos russos.

A deidade que se transformou em touro para raptar Europa e por ambição destronou Saturno, seu pai, tornou-se *optimus maximus* dos pagãos. Apesar das sublimes ideias sugeridas por Moisés e pelos autores inspirados, muitos judeus ordinários parecem ter concebido o ser supremo como mera deidade local ou protetora da nação[46].

Por mais infeliz que seja a doutrina jacobita que nega a concepção imaculada, razões políticas impedem a Igreja romana de condená-la. Os franciscanos perderam sua antiga popularidade, mas, no século XV, informa Boulanviers[47], um franciscano italiano defendeu que nos três dias em que Cristo permaneceu sepultado a união hipostática teria sido desfeita e sua natureza humana, tal

---

[46] Na prova do livro encontrava-se, no lugar dessa sentença, a seguinte: "A deidade que os judeus ordinários concebiam como o mero deus de Abraão, de Isaac e de Jacó, tornou-se posteriormente *Jeová*, o criador do mundo". [N.T.]

[47] Conde Henri de Boulainvilliers, *Abregé chronologique de l'histore de France*, 1727, p. 499.

como se encontrava nesse período, não seria objeto apropriado de adoração. Não é preciso arte de divinação para predizer que uma blasfêmia tão grosseira e ímpia só poderia se tornar anátema junto ao povo. Ocasionando muitos insultos da parte dos Jacobinos, essa doutrina serviu como recompensa para os infortúnios destes na batalha em torno da concepção imaculada[48].

Em vez de abandonarem essa propensão à adulação, religiosos de todas as épocas se comprometem, ao contrário, com os maiores absurdos e contradições[49].

Homero chama Oceano e Tétis de pais originários de todas as coisas, conforme a mitologia e as tradições estabelecidas dos gregos; mas nem por isso deixa de saudar Júpiter, a deidade reinante, com a apelação magnífica de *pai* dos deuses e dos homens. Esquece-se o poeta de que cada templo, cada rua, estava repleto de ancestrais, tios, irmãos e irmãs de Júpiter (esse arrivista, parricida e usurpador). Contradição semelhante se observa em Hesíodo, que é ainda mais indesculpável, pois professa a intenção de apresentar a verdadeira genealogia dos deuses[50].

Se houvesse uma religião que ora pintasse Deus nas mais sublimes cores, como o criador dos céus e da terra, ora degradasse suas faculdades e poderes quase ao nível das criaturas humanas[51], atribuindo-lhe enfermidades, paixões e parcialidade de gênero moral (inconsistência que talvez se encontre entre os maometanos), tal religião poderia ser citada como instância das contradições surgidas da oposição entre as mais grosseiras, vulgares e naturais concepções dos homens e da constante propensão destes à

---

[48] Parágrafo em nota na edição de 1757. [N.T.]
[49] Parágrafo acrescentado na edição de 1777. [N.T.]
[50] Hesíodo, *Teogonia*, prólogo. [N.T.]
[51] Na prova do livro encontrava-se, no lugar do final dessa sentença, a seguinte: "ora o degradasse ao mesmo nível de criaturas humanas, a ponto de representá-la lutando contra um homem, perambulando na noite fria, exibindo suas partes traseiras e descendo dos céus para se informar do que se passa na terra...". [N.T.]

bajulação e exagero. Não poderia haver prova mais poderosa da origem divina de uma religião do que constatar (como felizmente é o caso do cristianismo) que estaria livre dessa contradição inerente à natureza humana.

Seção VII
Confirmação dessa doutrina

Parece certo que o vulgo, que em suas noções da divindade representa um ser limitado, causa particular de saúde e doença, de fartura e carência, de prosperidade e adversidade, considera que seria perigoso deixar de assentir a ideias mais magníficas que eventualmente lhes sejam impostas. Dirias que a perfeição de tua deidade é finita e limitada, que uma força maior poderia superá-la, que ela estaria sujeita a paixões, a dores e enfermidades humanas, que teria um começo e poderia ter um fim? Não ousam afirmá-lo. Mais seguro é adotar os enaltecidos encômios e se empenhar, afetando devoção e rapto, em obter a graça divina. Isso é confirmado pelo fato de o assentimento do vulgo ser meramente verbal, pois é incapaz de conceber as sublimes qualidades que pretende atribuir à deidade. Sua verdadeira ideia dela permanece, apesar da linguagem pomposa, tão pobre e frívola como antes.

Os magos[52] diziam que a inteligência original, princípio de todas as coisas, só se descobre *imediatamente*, para o entendimento; e que o sol, cujos raios banham a terra e se esparramam pelo firmamento, escolhido por eles como imagem da divindade no universo visível, é uma pálida cópia da glória celestial. Se não quiserdes atrair o desgosto do ser

---
[52] Thomas Hyde, *Historia religionis veterum Persarum*. [*História da religião dos persas*, 1700.]

divino, não pisai descalço o chão, não cuspis no fogo nem jogais água nele, mesmo que esteja consumindo uma cidade inteira. Indagam os maometanos: quem poderia expressar as perfeições do todo-poderoso? Comparadas a elas, as obras mais nobres da arte humana são poeira e cinzas. Quão longe, de suas infinitas perfeições não está a concepção humana! Seu sorriso e obséquio são a eterna felicidade dos homens. Para obtê-los para vossas crianças, o melhor método é cortar, ainda na infância, um pequeno pedaço da pele destas, cerca de metade do cumprimento de uma moeda. Tomai dois pedaços de tecido[53], dizem os católicos romanos, com cerca de uma polegada quadrada, juntai-os pelas pontas, amarrai-os com duas fitas de dezesseis polegadas, disponha o arranjo em vossa cabeça, uma ponta pendendo sobre o peito, a outra sobre as costas, e mantendo-as junto à pele: não há nada melhor para recomendar-te ao ser infinito que existe eternamente.

Os getes, que se diziam imortais, acreditavam firmemente na imortalidade da alma e eram autênticos teístas unitários. Diziam que sua deidade, Zamolxis, era o único Deus verdadeiro, e consideravam como quimeras e ficções os cultos das outras nações. Seriam mais refinados seus princípios religiosos, por causa de tão magníficas pretensões? A cada seis anos, sacrificavam uma vítima humana, que enviavam como mensageiro à deidade, para informá-la das necessidades e carências dos homens. Quando trovejava, eles se sentiam desafiados e respondiam à altura, atirando flechas contra o deus. É o que diz Heródoto do teísmo dos getes[54].

---

[53] Chamado *scapulaire* [escapulário].
[54] Heródoto. *História*, IV, 94.

Seção VIII
Fluxo e refluxo do politeísmo e do teísmo

Observa-se na mente humana um gênero de fluxo e refluxo dos princípios religiosos, uma tendência natural a despertar da idolatria para o teísmo e retornar do teísmo à letargia idólatra. O vulgo ignorante e sem instrução (ou seja, todos os homens, exceto por uns poucos), nunca eleva a contemplação até os céus, nem penetra, por disquisição, na estrutura secretas dos corpos, vegetais ou animais, para descobrir ali a mente suprema ou providência original que ordenaria cada uma das partes da natureza. Consideram essas obras numa perspectiva mais confinada, egoísta. Constatando que sua própria felicidade depende da secreta influência e da imprevista concorrência de objetos externos, estão sempre atentos às *causas desconhecidas* que governam todos os acontecimentos naturais, cuja poderosa, mas silenciosa operação, distribui prazer e dor, bem e mal. Em cada ocasião, recorrem a causas desconhecidas e incluem, numa aparição geral ou imagem confusa, esperança e medo, anseios e apreensões. A inquieta imaginação dos homens, insatisfeita com uma concepção tão abstrata dos objetos de que constantemente se ocupa, aos poucos os torna mais distintos, reveste-os com um aspecto mais conveniente à sua própria compreensão natural e representa-os como seres sensíveis e inteligentes que, tais como os homens, seriam atuados por amor e ódio e afetados pela oferta de oferendas e súplicas, de preces e sacrifícios. Eis a origem da religião: eis a origem da idolatria e do politeísmo.

O mesmo anseio de felicidade que desperta a ideia de poderes invisíveis inteligentes não permite que o gênero humano se contente em concebê-los como seres poderosos, mas limitados, senhores da fortuna humana, servos do destino e do curso da natureza. Os exaltados encômios e louvações dos homens inflam ainda mais a ideia que têm desses seres; elevando suas deidades ao limite máximo da perfeição, estes chegam aos atributos de unidade e infinidade, de simplicidade e espiritualidade. Ideias tão refinadas como essas são, porém, desproporcionais à compreensão vulgar, e logo perdem sua pureza original. É preciso, para sustentá-las, a noção de mediadores inferiores, de agentes subordinados, intermediários entre o gênero humano e a deidade suprema. Esses semideuses, ou seres medianos, que compartilhariam da natureza humana e estariam mais próximos de nós, tornam-se o principal objeto da devoção dos homens, que restauram assim gradualmente a idolatria outrora banida pelas ardentes preces e panegíricos dos temerosos e indigentes mortais. As religiões idólatras se tornam cada vez mais grosseiras e vulgares, e acabam por se destruir a si mesmas: as vis representações de deidades trazem de volta a maré do teísmo. Mas a propensão do retorno à idolatria é tão grande, nas alternadas reviravoltas dos sentimentos humanos, que mesmo a máxima precaução não é eficaz em sua prevenção. Alguns teístas, como os judeus e os maometanos, cientes disso, baniram todas as artes da estatuária e da pintura e proibiram representações em mármore ou em cores, mesmo de seres humanos, receando que a enfermidade comum a todos os homens viesse a produzir idolatria. Suas débeis apreensões não se contentam em conceber a deidade como puro espírito e perfeita inteligência: seus terrores naturais os impedem de imputar a ela a menor sombra de limitação ou imperfeição. Entre sentimentos opostos, eles oscilam. A mesma enfermidade os arrasta para baixo, de uma deidade onipotente e espiritual, até outra, limitada e corpórea, e desta até uma estátua ou representação visível. A mesma extenuação impele-os, empurra-os para o alto, da estátua ou imagem material até o poder invisível, e deste até a deidade infinitamente perfeita, criadora e soberana do universo.

Seção IX
Comparação dessas religiões, quanto a perseguição e tolerância

O politeísmo, ou culto idólatra, se funda inteiramente nas tradições do vulgo, e tem por isso a grande inconveniência de legitimar qualquer prática ou opinião, por mais bárbara e corrompida que seja, e dar pleno escopo para que a canalha se apodere da credulidade e expulse a moral e a humanidade dos sistemas religiosos dos homens. Ao mesmo tempo, a idolatria é acompanhada da evidente vantagem de permitir naturalmente, pela restrição dos poderes e funções das deidades, que deuses de outras seitas e nações compartilhem da divindade, o que torna compatíveis entre si muitas e diversas deidades, ritos e cerimônias[55]. O teísmo é o oposto, nas vantagens e nas desvantagens. Sistema que supõe uma única deidade, perfeitamente racional e boa, o teísmo, se levado a cabo consequentemente, aboliria do culto religioso tudo o que é frívolo, insensato e desumano, e apresentaria aos homens o mais ilustre exemplo, o mais poderoso motivo de justiça e benevolência. Essas grandes vantagens, se não chegam a pesar menos (o que seria impossível), são diminuídas,

---

[55] Verro Flaco diz que era usual que os romanos, antes de sitiarem uma cidade, evocassem a deidade tutelar do lugar. Prometendo-lhe honrarias maiores que as presentes, esperavam que abandonasse seus antigos seguidores e devotos e debandasse para suas fileiras. Por essa razão, o nome da deidade tutelar de Roma era mantido em segredo, como mistério religioso, para que os inimigos da república não pudessem, da mesma maneira, conquistar os seus serviços. Pensavam os romanos que, sem o nome, algo do gênero seria impraticável. Plínio, *História natural*, XXVIII, 4, 18-19. Acrescenta este autor que a forma comum de evocação se preservara, em seu próprio tempo, no ritual dos pontífices. Macróbio teria transmitido uma cópia da evocação, encontrada nos pertences de Samônico Sereno.

em certa medida, pelas inconveniências concomitantes aos vícios e preconceitos de homens, que reconhecem um único objeto de devoção e consideram absurdo e ímpio o culto de outras deidades. A unidade do objeto parece requerer naturalmente fé e cerimonial unitários, pretexto para que homens mal-intencionados representem seus adversários como profanos, e merecedores de punição, divina e humana. Como cada seita afirma que sua própria fé e culto seria o único compatível com a deidade — pois não concebem que ritos e princípios diferentes e opostos pudessem agradar o mesmo ser —, é natural a animosidade entre seitas, que despejam, umas sobre as outras, a mais furiosa e implacável das paixões humanas: o zelo, o rancor sagrado.

O espírito tolerante dos idólatras, em tempos antigos ou modernos, é bem óbvio, para os versados nos escritos de historiadores e viajantes. Perguntou-se ao oráculo de Delfos quais seriam os melhores ritos e cultos para o deus; ao que ele respondeu, "os legalmente estabelecidos em cada cidade"[56]. Parece que naqueles tempos os sacerdotes chegavam a conceder a salvação de homens de outras comunhões. Era comum que os romanos adotassem deuses de povos conquistados, sem jamais questionar os atributos das deidades locais e nacionais dos territórios ocupados. Os conflitos religiosos e as perseguições entre os idólatras egípcios são uma exceção a essa regra. Suas deidades, em constante conflito, envolviam os devotos nas mesmas contendas: os que cultuavam cães não conseguiam manter a paz com os adoradores de gatos e lobos[57]. Exceto por isso, a superstição egípcia não era tão intolerante quanto se imagina. Heródoto[58] diz que Amasis contribuiu com grandes somas para a reconstrução do templo de Delfos.

[56] Xenofonte. *Memorabilia*, I, 3, 1.
[57] Plutarco, *Moralia*, V, "Ísis e Osíris", 72.
[58] Heródoto, *História*, II, 180.

A intolerância de quase todas as religiões que defendem um deus único é tão notável quanto o princípio contrário nos politeístas. É bem conhecido o espírito implacavelmente estrito dos judeus. Os maometanos proclamam princípios ainda mais sanguinários, e até hoje reservam, para as outras seitas, não o cadafalso e a fogueira, mas a danação eterna. Se, entre os cristãos, ingleses e holandeses adotaram princípios de tolerância, essa singularidade deve-se à firme resolução do magistrado civil em se opor às reiteradas investidas de sacerdotes e fanáticos em geral.

Os discípulos de Zoroastro fecharam as portas dos céus para todos, exceto os magos[59]. Nada obstruiu tanto o progresso das conquistas persas quanto o furioso zelo dessa nação contra os templos e imagens dos gregos. Derrubado o império, porém, vemos o politeísta Alexandre restabelecer o culto babilônio abolido pelos príncipes monoteístas[60]. A cega devoção do conquistador à superstição grega não o impediu de praticar sacrifício de acordo com ritos e cerimônias babilônicos[61].

O politeísmo é tão sociável, que a máxima ferocidade e antipatia com que depara numa religião antagonista não são suficientes para desgostá-lo ou repeli-lo. Augusto elogiou a discrição de seu neto, Caio César, quando o príncipe, de passagem por Jerusalém, não se dignou ao sacrifício de acordo com a lei judaica. Por que teria Augusto aprovado essa conduta? Porque, na estima dos pagãos, essa religião era bárbara e ignóbil[62].

Ouso afirmar que poucas corrupções de idolatria e politeísmo são tão perniciosas à sociedade política quanto a corrupção do teísmo, levada ao máximo extremo[63]. Os sacrifícios humanos de

---

[59] Thomas Hyde, *Historia religionis veterum Persarum*, 1700.
[60] Arriano, *Anabase*, III, 16, 3-9; VIII, 17.
[61] Arriano, *Anabase*, III, 16, 5.
[62] Suetônio, *Vidas dos Césares*, "O divino Augusto", 93.
[63] "*Corruptio optimi pessima*". [Máxima retomada na abertura das Seções X e XI a seguir e que também aparece no início do ensaio "De superstição e de entusiasmo".]

cartagineses, mexicanos e muitas outras nações bárbaras[64] não se comparam à inquisição e aos processos de Roma e Madri. Não somente há menos sangue derramado; a escolha de vítimas humanas, por lote ou por sinais aparentes, não afeta, em grau considerável, o resto da sociedade. Virtude, conhecimento e amor da liberdade, porém, são as qualidades clamadas pela fatal vingança dos inquisidores; e esta, quando extravasada, mergulha a sociedade na mais vergonhosa ignorância, corrupção e submissão. O assassinato ilegal de um homem por um tirano é mais pernicioso que a morte de mil outros por pestilência, carência ou outra calamidade qualquer.

No templo de Diana em Arícia, perto de Roma, quem matasse o sacerdote se intitulava legalmente a sucedê-lo[65]. Que instituição singular! Por mais bárbaras e sanguinárias que sejam para o leigo, as superstições comuns usualmente resultam vantajosas para a ordem sagrada.

Seção X
Comparação dessas religiões, quanto a coragem e covardia

A comparação entre teísmo e idolatria permite algumas outras observações que, por seu turno, confirmarão a observação vulgar segundo a qual a corrupção das melhores coisas gera as piores.

---

[64] Muitas nações são culpadas de sacrifício humano, mas essa ímpia superstição não prevaleceu em nenhuma nação civilizada, exceto por Cartago (os tírios logo a aboliram). Concebe-se um sacrifício como uma oferenda; entrega-se uma oferenda à deidade, destruindo-a e tornando-a inútil para o homem, queimando-se o sólido, derramando-se o líquido, matando-se o animado. Na falta de oferenda melhor, violentamo-nos a nós mesmos, imaginando que assim expressaríamos a sinceridade de nossa boa vontade e de nossa adoração. Com nossa devoção mercenária, iludimo-nos a nós mesmos, imaginando que iludiríamos a deidade.

[65] Estrabão, *Geografia*, V, 3, 12; Suetônio, *Vidas dos Césares*, "Calígula", 35, 3.

Se a deidade é representada como infinitamente superior aos homens, essa crença, embora inteiramente justa, é apta, quando aliada a terrores supersticiosos, a deprimir a mente até a mais baixa submissão e o mais pálido abatimento, levando-a a representar, como únicas qualidades humanas aceitáveis, virtudes monásticas como a mortificação, a penitência, a humildade, e o sofrimento passivo. Mas, se os deuses são concebidos numa classe pouco superior ao gênero humano, e os homens podem ser promovidos a deuses, sentem-se à vontade para se dirigir aos deuses e até rivalizar com eles e emulá-los, sem, com isso, profaná-los. Daí a generosidade, a prestimosidade, o espírito, a coragem, o amor pela liberdade, e todas as virtudes que enobrecem um povo.

Os heróis pagãos correspondem exatamente aos santos do papado e aos sufis sagrados dos muçulmanos. Os lugares de Hércules, Teseu, Heitor e Rômulo são hoje ocupados por Domingos, Francisco, Antônio e Benedito. Em vez de destruírem monstros, subjugarem tiranos, defenderem seu país, buscam a honra celestial com flagelação e jejum, covardia e humildade, submissão abjeta e obediência servil.

Um dos principais incitamentos do pio Alexandre em suas expedições militares era a rivalidade com Hércules e Baco, que ele, não sem razão, alegava ter superado[66]. Brasidas, o generoso e nobre espartano que tombou no campo de batalha, foi honrado como herói pelos habitantes de Anfípolis, cidade que defendeu[67]. Em geral, todos os gregos que fundaram estados ou colônias foram promovidos, pelos que colheram os frutos do seu esforço, a essa classe menor de divindade.

Isso deu ensejo à observação de Maquiavel[68] de que as doutrinas da religião cristã (ou católica, pois não conhecia outra) que

[66] Arriano, *Anabase*, IV, 28, 4; V, 26, 05.
[67] Tucídides, *Guerra do Peloponeso*, V, 11.
[68] Maquiavel, *Discursos sobre a primeira década de Tito Lívio*, VI.

recomendam a fortidão e o sofrimento passivo teriam subjugado o espírito dos homens e os predisposto à escravidão e à abjeção. Observação que certamente seria justa, não fossem as muitas outras circunstâncias da sociedade humana a controlar o gênio e o caráter de uma religião.

Brasidas apanhou um rato; mordido por ele, soltou-o. "Nada é mais desprezível do que este rato", disse ele; "mas ele ao menos é corajoso, e sabe se defender"[69]. Belarmino, paciente e humilde, permitiu que pulgas e outros vermes odiosos o picassem. "Os céus", disse ele, "hão de nos recompensar por nossos sofrimentos; mas estas pobres criaturas só têm o desfrute da vida presente"[70]. Eis a diferença entre as máximas de um herói grego e as de um santo católico.

Seção XI
Comparação dessas religiões, quanto a razão e absurdo

Ofereço agora, com o mesmo propósito, outra observação, como prova adicional de que a corrupção das melhores coisas gera as piores. Se examinarmos sem preconceito a mitologia pagã dos poetas antigos, não descobriremos os monstruosos absurdos que esperaríamos encontrar. Qual seria a dificuldade em conceber que os mesmos poderes ou princípios, sejam eles quais forem, que formaram o mundo visível, os homens e os animais, teriam produzido uma espécie de criaturas inteligentes, feitas de uma substância mais refinada e dotadas de autoridade especial? Que essas criaturas possam ser caprichosas, vingativas, passionais, voluptuosas, concebe-se facilmente: nenhuma circunstância é

---

[69] Plutarco, *Moralia*, III, "Ditos de reis e comandantes", 190 b.
[70] Pierre Bayle, *Dictionaire historique et critique*, artigo "Belarmino", edição de 1697.

tão apta a engendrar em nós esses vícios quanto a licença para exercer autoridade absoluta. Em suma, o inteiro sistema mitológico é tão natural, que é provável que, na vasta variedade de planetas e mundos contidos neste universo, ele tenha, em alguma parte, se realizado plenamente.

A principal objeção contra a validade desse sistema neste nosso planeta é o fato de ele não ser certificado por justa autoridade ou razão. A honorável tradição alegada pelos sacerdotes e teólogos da Antiguidade é uma fundação débil, pois transmitiu tantos relatos contraditórios, sustentados por autoridades de peso equivalente, que é impossível escolher um sistema em detrimento do outro. Uns poucos volumes contêm todos os escritos polêmicos dos sacerdotes pagãos. Sua teologia consiste antes em histórias tradicionais e práticas supersticiosas que em argumento e controvérsia filosófica.

Quando o teísmo forma o princípio fundamental de uma religião popular, esse credo é tão conforme à sã razão, que a filosofia tende a se incorporar ao seu sistema de teologia. Se outros dogmas desse sistema estiverem contidos num livro sagrado, como o Alcorão, ou forem determinados por uma autoridade visível, como a do pontífice romano, homens de razão especulativa concedem-lhe assentimento, e adotam uma teoria que, instilada desde a primeira educação, tem certo grau de consistência e uniformidade. Mas é inevitável que essas aparências se mostrem enganosas, e a filosofia logo se veja subjugada por sua consorte. Em vez de regular cada princípio, à medida que avançam juntas, a filosofia é progressivamente corrompida para servir aos propósitos da superstição. Além de incoerências a serem conciliadas e ajustadas, há, em toda teologia popular, especialmente na escolástica, um apetite pelo absurdo e pela contradição. Se não excedessem a razão e o senso comum, as doutrinas que a formam seriam simples e reconhecidas. Mas, para que tenha fundamento o alegado mérito de seus devotos praticantes, predispostos a subjugarem a razão aos piores sofismas, é preciso causar espanto, afetar mistério e recorrer a trevas e escuridão.

A história eclesiástica confirma suficientemente essas reflexões. Em toda controvérsia há os que, desde o início, anteveem a solução correta. A opinião a mais contrária ao bom senso certamente haverá de prevalecer, mesmo que o interesse geral do sistema não requeira essa deliberação. O reproche de heresia se alterna entre os disputantes, mas, por fim, volta-se contra a razão. Qualquer um que saiba a definição de *ariano, pelagiano, erastiano, sociniano, sabeliano, euticiano, nestoriano, monotelita* (para não dizer de *protestante*), e ainda não tenha escolhido uma comunhão, poderá convencer-se da verdade dessa observação. Assim, o sistema que de início era o mais razoável, torna-se no fim o mais absurdo.

Opor-se à torrente da religião escolástica com máximas frágeis como estas, é *impossível que uma mesma coisa seja e não seja, o todo é maior que as partes, dois mais três são cinco*, é querer represar o oceano com diques de junco. Quereis elevar a profana razão acima do sagrado mistério? Nenhuma punição é suficiente para vossa impiedade. Os filósofos arderão nas mesmas fogueiras que os hereges.

Seção XII
Comparação dessas religiões, quanto a dúvida e convicção

Alguns são tão céticos em relação à história, que chegam a afirmar que seria impossível que uma nação acreditasse em princípios absurdos quanto os do paganismo grego ou egípcio, e, ao mesmo tempo, tão taxativas em relação à religião, que pensam que seria impossível encontrar tais absurdos em outra comunhão além dessas. O preconceituoso Cambises ridicularizava e atacava impiedosamente Ápis, deus dos egípcios, que para os seus profanos sentidos não passava de um touro de pele malhada. Heródoto[71] tem razão de atribuir esse surto de paixão a uma demência, a uma perturbação do cérebro, pois, de outra maneira, diz o historiador, jamais alguém afrontaria um culto estabelecido; cada nação, ele prossegue, pensa que seu próprio culto é preferível aos das outras.

É forçoso reconhecer que os católicos romanos são uma seita tão letrada, que nenhuma outra comunhão, exceto pela Igreja da Inglaterra, disputaria com eles o título de mais erudita Igreja cristã. E, no entanto, o famoso Averróis, que sem dúvida ouvira falar das superstições egípcias, declarou que, de todas as religiões, a mais absurda e sem sentido é aquela cujos devotos devoram a deidade após tê-la criado.

Concordo com ele; não se encontra no paganismo nada tão ridículo quanto o dogma cristão da *presença real* da divindade, que, de tão absurdo, se subtrai à força de todo argumento. Há boas histórias no gênero; os próprios católicos as contam, apesar de serem profanas. Diz-se que certa vez um padre teria dado inadvertidamente ao fiel, em lugar do sacramento, uma moeda que estava entre as hóstias. O fiel esperou com paciência que ela se dissolvesse na língua; mas, como permanecesse inteira, cuspiu-a. "Quem me dera", gritou para o padre, "vos tivésseis enganado! Quem me dera não me tivésseis dado Deus Pai: Ele, que de tão duro e inflexível, é difícil de engolir!".

Um general a serviço de Moscou estava em Paris para tratar de seus ferimentos, acompanhado de seu serviçal, um jovem turco. Alguns doutores da Sorbonne (tão dogmáticos quanto os sufis de Constantinopla) pensaram que não seria correto danar o pobre

[71] Heródoto, *História*, III, 38.

turco por falta de comunhão, e insistiram para que Mustafá se convertesse ao cristianismo, prometendo-lhe, para encorajá-lo, vinho abundante nesta vida e o paraíso na outra. Os atrativos se mostraram irresistíveis. Mustafá, tendo passado pela comunhão e pelo catecismo, recebeu os sacramentos do batismo e da ceia do Senhor. Entretanto, houve por bem ao padre, como precaução, levar adiante o catecismo. Um dia após o sacramento, ele perguntou ao jovem: "Quantos são os deuses?", ao que respondeu Benedito (era seu nome de batismo), "Não há Deus"; "Mas como?", indagou o padre surpreso; "Ora, disseste-me que só havia um Deus; pois ontem eu o comi".

Tais são as doutrinas de nossos frades católicos. Estamos tão acostumados com elas, que não nos espantam mais. Em épocas futuras, porém, talvez seja difícil persuadir os homens de que uma criatura humana e bípede tenha adotado princípios como esses. São de uma para mil as chances de que venha a existir, no credo de futuras nações, algo tão absurdo que possa receber assentimento religioso.

Em uma de minhas estadias em Paris, encontrava-me hospedado no mesmo hotel que o embaixador da Tunísia, que retornava para casa após anos de serviço em Londres. Notei um dia que vossa excelência moura se divertia na sacada observando o esplêndido desfile de vestimentas, quando de repente passou um frade capuchinho, que jamais vira um turco, assim como este, embora acostumado aos trajes europeus, não conhecia a grotesca figura de um capuchinho. Eu não saberia como expressar o espanto que um causou no outro: algo da mesma natureza ocorreria se o capelão da embaixada britânica discutisse com franciscanos. E assim admiram-se os homens uns aos outros, sem que passe por suas cabeças que o turbante do africano é apenas um traje, nem melhor nem pior que a batina do europeu. "Um homem muito honesto", disse o príncipe de Barbados, referindo-se a De Ruyter; "pena que seja cristão"[72].

"Mas como! Cultuais alhos e cebolas!", exclama o doutor da Sorbonne para o sacerdote de Sais; "É verdade", responde este; "mas ao menos não os comemos". "Que estranhos objetos de adoração, macacos e gatos!", diz o erudito doutor; "Pois são tão bons quanto relíquias e ossos de mártires", responde seu não menos erudito antagonista. "Sois loucos", diz o católico, "cortais as gargantas de homens que preferem o repolho ao pepino!"; "Sim", responde o pagão, "concedo que somos; mas deveis reconhecer que mais loucos são os que disputam acerca de volumes e volumes de sofismas, dez mil dos quais valem menos que um repolho ou um pepino"[73].

---

[72] Michael de Ruyter, almirante holandês, lutou contra a armada da coligação anglo-francesa nas três guerras anglo-holandesas (1652-54; 1665-67; 1672-74). [N.T.]

[73] É estranho, mas não absurdo, que, para além da semelhança entre elas, nem os mais perspicazes autores antigos tenham observado diferenças entre a religião egípcia e a judaica. É notável que Tácito e Suetônio, ao mencionarem o decreto do senado que baniu de Roma, sob Tibério, prosélitos egípcios e judeus, tratem essas religiões como se fossem a mesma. Tudo indica que o decreto estaria fundado nessa suposição. *Actum et de sacris Aegyptiis, Judaicisque pellendis; factumque patrum consultum, ut quatuor millia libertini generis ea superstitione infecta, quis idonea aetas, in insulam Sardiniam veherentur, coercendis illic latrociniis; et si ob gravitatem coeli interissent, vile damnum: Ceteri cederent Italia, nisi certam ante diem profanos ritus exuissent.* Tácito, *Anais*, II, 85. ["Tratou-se também de expulsar da Itália as superstições egípcias, e judaicas; e se fez senátus-consulto para que quatro mil, imbuídos nessa seita miserável, todos descendentes de famílias de libertos, e ainda em boa idade, fossem deportados para a ilha de Sardenha, afim de aí combaterem contra os ladrões; assentando-se, que ainda quando de lá nenhum escapasse por maus ares do clima, nada se perdia. Os outros tiveram ordem para sair de Itália, se antes de um dia aprazado não abjurassem seus ritos profanos". Tradução Freire de Carvalho. Rio de Janeiro: Jackson, 1970] Suetônio, *Vidas dos Césares*, "Tibério", 36. *Externas caeremonias, aegyptios, judaicosque ritus compescuit; coactus qui superstitione ea tenebantur, religiosas vestes cum instrumento omni comburere, etc* ["Interdisse a celebração das cerimônias estrangeiras, os ritos egípcios e judaicos, obrigando os que eram afeitos a essas superstições a atirarem ao fogo as suas vestes religiosas com todos os seus aprestos. Sob o pretexto de serviço militar, distribuiu a juventude judaica sob as províncias de clima causticante. Exilou da cidade o resto da nação israelita e os que praticavam culto semelhante, sob pena de servidão perpétua em caso de desobediência". Tradução Saddy-Garibaldi, Rio de Janeiro: Athena Editora, 1937.] Os sábios pagãos, observando algo comum ao gênio e ao espírito geral dessas religiões, estimaram que as diferenças entre seus dogmas eram desprezíveis, e não mereciam atenção.

Qualquer observador poderia facilmente julgar (mas poucos são os que observam), que, se fosse suficiente, para estabelecer um sistema popular, expor os absurdos de outro, cada devoto de cada superstição teria razão para se apegar, de maneira cega e intolerante, aos princípios que recebeu. Mas, mesmo sem terem um conhecimento extensivo em que possam se basear com firmeza, e talvez por isso mesmo, não falta aos homens um amplo estoque de zelo e fé religiosa. Deodoro Sículo[74] oferece um exemplo notável, testemunhado por ele mesmo. No tempo em que o Egito estava sob o jugo de Roma, um legionário que inadvertidamente matou um gato foi vítima da desvairada fúria do povo; nem a intervenção do príncipe pôde salvá-lo. Tenho certeza de que o senado e o povo de Roma jamais seriam tão ciosos em relação a suas deidades nacionais. Pouco após o incidente, o público romano decidiu, sem hesitar, que caberia a Augusto um lugar no panteão celeste, mesmo que tivessem que destronar todos os deuses. *Praesens divus habebitur Augustus*, diz Horácio[75]. É um ponto muito importante. Outras nações, em outras épocas, não consideraram indiferente a mesma circunstância[76].

"Apesar da santidade de nossa religião", diz Cícero[77], "não há entre nós crime tão comum quanto o sacrilégio". Mas quem já ouviu falar de um egípcio que tenha violado o templo de um gato, de uma íbis, de um crocodilo? "Não há tortura que um egípcio não suporte", diz o mesmo autor em outra parte[78], "para não ferir uma íbis, uma alfazema, um gato, um cão, um crocodilo".

[74] Deodoro Sículo, *Biblioteca de história*, I, 83, 8-9.
[75] Horácio, *Odes*, III, 5: "e Augusto entre nós como um Deus na terra será tido"; Tradução Pedro Braga Falcão, São Paulo: Editora 34, 2021.
[76] Quando Luís XIV assumiu pessoalmente a proteção do Colégio Jesuíta de Clermont, a sociedade ordenou que as armas reais fossem postas nos portões e desceu a cruz para dar passagem a elas. Essa é a origem do epigrama *Sustulit hinc Christi, posuitque insignia Regis: / Impia gens, alium nescit habere Deum*. ["Retirarão o emblema de Cristo para substituí-lo pelo do rei; / Raça ímpia, a que só conhece esse deus!].
[77] Cícero, *Da natureza dos deuses*, I, 29, 82.
[78] Cícero, *Tusculanas*, V, 27, 78.

Portanto, é estritamente verdadeira a observação de Dryden: *Of whatsoe'er descent their godhead be, / Stock, stone or other homely pedigree, / In his defence his servants are as bold, / As if he had been been born of beaten gold.*[79]

Quanto mais vis os materiais de que é composta a divindade, maior devoção ela excita no peito dos iludidos devotos, que exultam em sua própria vergonha e, como se fosse um mérito, desdenham, em nome da deidade, o ridículo e os insultos de seus inimigos. Dez mil cruzados empunham flâmulas sagradas, exibindo orgulhosos a parte de sua religião que os adversários mais deploram.

Reconheço que há uma dificuldade no sistema teológico egípcio; mas poucos sistemas estão isentos de dificuldades. É evidente que, segundo o método de propagação que lhes é próprio, um casal de gatos teria para si, em cinquenta anos, a posse de um reino inteiro. Se continuassem a receber a mesma veneração religiosa, em vinte anos seria não somente mais fácil encontrar um deus do que um homem — como diz Petrônio[80] referindo-se a partes da Itália —, como os deuses teriam matado os homens de fome, e não haveria mais sacerdotes nem devotos. Provavelmente por isso, essa sábia nação, a mais celebrada, na Antiguidade, por sua prudência e por sua política sensata, antevendo consequências tão perigosas, reservou o culto exclusivamente para divindades adultas e permitiu que fossem afogados os pequenos deuses lactantes, sem escrúpulo ou remorso. Vê-se assim que a prática de distorcer dogmas religiosos para servir a interesses temporais não é, absolutamente, invenção de épocas mais recentes.

---

[79] John Dryden, *Absalom and Architopel*, 100-103. (Do deus não importa a extração, / Se da pedra, do mármore ou do carvão; / A ele os homens se sujeitam, / E num mesmo zelo se deleitam). [N.T.]
[80] Petrônio, *Satiricon*. [N.T.]

O erudito e filosófico Varro, homem moderado e sensato, não pretende oferecer mais do que probabilidades e aparências em seu discurso sobre religião. O passional e zeloso Agostinho, por sua vez, insulta o recato e o ceticismo do nobre romano, e professa a mais perfeita crença e certeza[81]. Entretanto, um poeta pagão, contemporâneo do santo, comete o absurdo de estimar que seu sistema era tão falso, que nem a credulidade infantil poderia dar crédito ao que diz o filósofo[82].

Diante de tamanha incompreensão, não admira que existam tantos homens inflexíveis e dogmáticos, e que o erro cresça em proporção ao zelo. *Moverunt*, diz Espartiano[83], *et ae tempestate Judaei bellum quod vetabantur mutilare genitalia.*

Se houve alguma vez uma nação em que a religião pública perdeu toda a autoridade sobre os homens, foi Roma. Como seria de esperar, a impiedade triunfou publicamente no período ciceroniano, tendo o próprio Cícero, em cada discurso e em cada decisão, como cúmplice declarado. Tudo indica, porém, que esse grande homem, apesar de tomar licenças céticas em seus escritos e na convivência filosófica, quis evitar, na condução de sua vida privada, imputações de deísmo ou impiedade. Diante de sua família, e da esposa Terência, em quem confiava plenamente, preferia apresentar-se como devoto e defensor da religião. Em carta endereçada à esposa, recomenda a ela que ofereça um sacrifício a Apolo e a Esculápio, em agradecimento por ter recobrado a saúde[84].

A devoção de Pompeu era mais sincera. Em sua campanha durante a guerra civil, consultou augúrios, sonhos e profecias[85]. Augusto era assolado por todo gênero de superstição. Diz-se de

---

[81] Agostinho, *Cidade de Deus*, VII, 17.
[82] Claudius Rutilius Namatiano, *Viagem à Gália*, I, 387-398.
[83] Aélio Espartiano, *Vida de Adriano*, XIV, 02. ["Foi então que os judeus entraram em guerra contra a proibição da prática de circuncisão"].
[84] Cícero, *Cartas a amigos*, XIV, 7, 1.
[85] Cícero, *Da divinação*, II, 24.

Milton que seu gênio poético só fluía caudaloso e abundante na primavera; assim também Augusto teria notado que seu próprio gênio para os sonhos era mais perfeito e confiável na primavera do que em outras estações do ano. O grande e hábil imperador se rebaixava a calçar o sapato direito no pé esquerdo[86]. Não resta dúvida de que os devotos da superstição oficial eram tão numerosos nos estados antigos quanto são os da religião moderna nos estados de hoje. Ainda que não fosse tão grande, a influência da superstição era igualmente universal. Tantas pessoas assentiam quanto hoje; mas um assentimento que parece não ter sido tão categórico, convicto ou taxativo.

Podemos observar que apesar do estilo geralmente dogmático e imperioso da superstição, a convicção dos carolas de todas as épocas é sempre mais afetada do que real, e não se aproxima da sólida crença e persuasão que nos governa nos afazeres comuns da vida. Não ousam confessar suas dúvidas nem para o próprio coração: alegam que sua fé não se declara; e, afirmando-a de maneira incisiva, com a autoridade da intolerância, escondem de si mesmos a própria infidelidade. Mas a natureza resiste; e, impassível ao seu empenho, não permite que a sombra trêmula de regiões obscuras se imponha às poderosas impressões do senso comum e da experiência. O curso usual da conduta dos homens trai as suas palavras, e mostra que seu assentimento nessa matéria é uma operação inexplicável da mente, que, entre a descrença e a convicção, se afasta desta e se aproxima daquela.

Se o material da mente humana parece ser tão maleável que até hoje os mais interessados em lhe aplicar o cinzel não conseguem gravar nela credos teológicos de impressão duradoura, que dizer dos tempos antigos, quando o número de homens que desempenhavam funções sagradas era relativamente pequeno?

---

[86] Suetônio, *Vidas dos Césares*, "O divino Augusto", 90-92; Plínio, *História natural*, II, 5, 24-25.

Não admira que as aparências sejam enganosas, e os homens, em algumas ocasiões, possam parecer tenazmente infiéis, inimigos da religião estabelecida, sem que realmente o sejam ou sem ter uma opinião a respeito.

Outra causa de as religiões antigas serem menos coerentes que as modernas é que estas são *escriturais*, enquanto aquelas eram *tradicionais*. Como a tradição é complexa, contraditória, e muitas vezes dúbia, é impossível contê-la num padrão ou cânon com artigos de fé determinados. As histórias dos deuses eram tão numerosas quanto as lendas dos papas, mas, ainda que quase todos acreditassem nelas parcialmente, ninguém acreditava que fossem inteiramente verdadeiras. Ao mesmo tempo, cada um podia reconhecer por si mesmo que havia tanto fundamento numa religião quanto em outra. As tradições de diferentes cidades e nações se opunham, muitas vezes diametralmente, sem que houvesse razão para que uma fosse preferível a outra. Assim como era infinito o número de histórias tradicionais sem confirmação, era insensível a gradação dos mais fundamentais artigos de fé às mais incoerentes e precárias ficções. Examinada de perto, parte por parte, a religião pagã se desfaz como uma nuvem. Dogmas e princípios fixos não poderiam certificá-la. E, embora não convertesse os homens em geral — não se deve esperar sensatez do povo —, esse caráter, se não produzia, em certas disposições da mente, práticas e opiniões com deliberada aparência de infidelidade, era suficiente para que os homens vacilassem, e hesitassem em manter os mesmos princípios.

Acrescente-se que as fábulas da religião pagã eram leves, agradáveis e familiares, desprovidas de diabos, mares de enxofre e outros objetos aterrorizantes para a imaginação. Como não sorrir diante dos amores de Marte e Vênus, das escapadas de Júpiter e Pan? A religião pagã seria verdadeiramente poética, se não fosse excessivamente ligeira para os gêneros poéticos mais graves. Bardos modernos que a adotaram se dirigem a deuses que consideram fictícios com a mesma liberdade e irreverência que os antigos usavam ao se dirigirem a seus objetos de devoção.

A inferência segundo a qual um sistema de religião que não causa impressão profunda na mente de um povo teria sido categoricamente rejeitado por todos os homens de bom senso, e que os princípios opostos, a despeito dos preconceitos de educação, teriam se estabelecido por argumento e raciocínio, não é, de maneira alguma, justa. Até onde eu sei, a inferência contrária parece mais provável. Quanto menos inoportuna e presunçosa a espécie de superstição, menos ela irrita a bílis e a indignação dos homens, que menos se dedicam a investigar sua fundação e origem. É óbvio que o império das comunhões religiosas sobre o entendimento humano é oscilante e incerto, sujeito a toda variedade de humor, condicionado a incidentes que atingem a imaginação no presente. A diferença é apenas de grau. Um antigo intercala, em seu discurso, tiradas ímpias e supersticiosas[87]; pode ser que um moderno pense o mesmo, mas sua expressão é resguardada.

Luciano nos diz expressamente[88] que todo aquele que não acredita nas mais ridículas fábulas do paganismo passa

---

[87] Como nesta notável passagem de Tácito, *História*, I, 3: *Praeter multiplices rerum humanarum casus, coelo terraque prodigia, et fulminum monitus et futurorum praesagia, laeta, tristia, ambigua, manifesta. Nec enim unquam atrocioribus populi Romani cladibus, magique justis Judiciis approbatum est, non esse curae Diis securitatem nostram, esse ultionem* ["Além das muitas vicissitudes dos coisas humanas, houve ainda prodígios nos céus e na terra, o alerta das vozes do trovão e outros presságios do futuro, auspiciosos ou não, indubitáveis ou não. Jamais houve em Roma calamidades tão terríveis ou evidências mais conclusivas que provassem que os deuses pensam sempre apenas em nossa punição, nunca em nossa felicidade"]. A discussão de Augusto sobre Netuno é um exemplo do mesmo gênero. O imperador parece acreditar que Netuno realmente existia e dominava os mares onde manifestaria a sua ira. Mas, se acreditava na deidade, seria louco de provocá-la? A mesma observação vale para a exclamação de Quintiliano na narrativa da morte de seus filhos. *Institutio Oratoria*, VI, prefácio, 10.

[88] Luciano, *O mentiroso contumaz*, 3.

por profano e ímpio. Empregaria o agradável autor a inteira força de seu engenho e sátira contra a religião nacional, não fosse ela objeto da crença generalizada de seus compatriotas e contemporâneos?

Lívio[89] reconhece, tão francamente quanto um teólogo faria hoje, a incredulidade comum em sua época, e a condena com severidade. Se uma superstição nacional pôde iludir um homem tão ilustre, por que não predominaria junto ao povo em geral?

Os estoicos atribuíam muitos magníficos e ímpios epítetos ao sábio: somente ele seria rico, livre, rei, igual dos deuses imortais. Esqueceram de acrescentar que tal sábio só era mais prudente e mais sábio do que uma velhota. Por certo, nada é tão lamentável, em matéria de religião, quanto os sentimentos dessa seita, que seriamente acreditava que o grasno do corvo é bom presságio, o da gralha, mau. Panécio foi o único estoico grego a duvidar de augúrios e divinações[90]. Marco Aurélio[91] diz que teria recebido muitas admonições dos deuses enquanto dormia. É verdade que Epiteto[92] proíbe de considerar a linguagem de garças e corvos; mas não porque não dissessem a verdade, e sim porque prediziam que quebraremos o pescoço ou que teremos a propriedade será confiscada, circunstâncias que, como ele explica, não têm importância alguma para nós. Os estoicos aliam entusiasmo filosófico a superstição religiosa: a força de sua mente, voltada inteiramente para o lado da moral, cede diante da religião[93].

---

[89] Tito Lívio, *História de Roma*, X, 40.
[90] Cícero, *Da divinação*, I, 3,07.
[91] Marco Aurélio, *Meditações*, I, 17, 8.
[92] Epiteto, *Manual*, 18.
[93] A religião oficial dos estoicos não era, reconheço, inteiramente ortodoxa; mas esses exemplos mostram, para além de toda dúvida, a que ponto chegavam seus seguidores.

Platão[94] retrata Sócrates dizendo que a acusação de impiedade levantada contra ele se devia a ter rejeitado fábulas como a da castração de Urano por seu filho Saturno e do destronamento deste por Júpiter. Num diálogo subsequente[95], porém, Sócrates confessa que a doutrina da imortalidade da alma era opinião corrente junto ao povo. Teríamos aqui uma contradição? É certo que sim. Mas não da parte de Platão; e sim do povo, cujos princípios religiosos são sempre compostos de partes discordantes, especialmente em épocas como essa, tão receptivas à superstição[96].

O mesmo Cícero que afetava devoção religiosa diante de seus familiares não tinha escrúpulo, na corte de judicatura, de tratar como uma fábula ridícula, à qual ninguém deveria dar atenção,

---

[94] Platão, *Eutífron*, 5 d-6 b.
[95] Platão, *Fedo*, 80 d-e.
[96] A conduta de Xenofonte, relatada por ele mesmo, prova incontestavelmente a credulidade generalizada dos homens de sua época e a incoerência das opiniões religiosas dos homens de todas as épocas. Esse grande comandante e filósofo, discípulo de Sócrates, que oferece alguns dos mais refinados sentimentos com respeito à deidade, apresenta, no entanto, muitas marcas de superstição vulgar. A conselho de Sócrates, consulta o oráculo de Delfos antes de se alistar na expedição de Ciro. (*Anabase*, II, 1, 5) Na noite anterior à captura dos generais, tem um sonho ambíguo que influencia sua conduta. (II, 11-14). Como outros militares, considera que o espirro seria um bom presságio. (II, 9) Ao chegar ao rio Centrite, tem um sonho que influi na conduta do general Chirosophus, seu companheiro de armas. (IV, 3, 9.) Os gregos oferecem sacrifício ao vento norte que os aflige; observa o historiador que o vento para de soprar. (IV, 3-4.) Sacrifica em segredo antes de decidir se o exército deve ou não assentar acampamento. (V, 6, 17) Ele mesmo parece ter sido um hábil adivinho. (V, 06, 29.) Recusa, por causa das vítimas, a oferta de comandar sozinho as armas. (VI, 1, 22-24). A mesma razão leva Cleandro, o espartano, a recusar a mesma patente. (VI, 5) Menciona um sonho que teve ao se alistar nas armas de Ciro. (I, 22-23) E ainda, como se acreditasse no que diz, cita o lugar em que Hércules teria descido aos infernos, afirma que haveria marcas do evento. (II, 2) Prefere a fome do exército a conduzi-lo no campo de batalha contra a recomendação dos auspícios. (IV, 12-23.) Seu amigo Euclides, o adivinho, só acredita que Xenofonte trouxe dinheiro consigo para a expedição ao ver que é assim no Exta. (VII, 8, 1-3). Ao propor aos atenienses um projeto para o aumento de arrecadação, aconselha-os que antes consultem o oráculo. (*Caminhos e meios*, VI, 2.) Que sua devoção não era uma farsa a serviço de propósitos políticos, mostram os fatos e o gênio de uma época em que a hipocrisia não era uma vantagem. Xenofonte, como mostram as *Memorabilia*, era como um herege em seu tempo — coisa que nenhum político pode ser, em qualquer tempo. Por isso, contesto o argumento dos libertinos, que afirmam que Newton, Locke, Clarke e outros foram hipócritas: arianos ou socinianos, seu credo era sincero.

a doutrina de um estado futuro[97]. Salústio[98] representa César se dirigindo publicamente ao senado nos mesmos termos[99].

Entretanto, é patente e inegável que essa liberdade não implicava total e universal infidelidade e ceticismo junto ao povo. Se partes da religião natural se desprendiam da mente dos homens, outras aderiam a ela. A principal ocupação dos filósofos céticos era mostrar que havia tanta fundação para uma quanto para a outra parte. Esse é o artifício de Cota nos diálogos sobre a *natureza dos deuses*[100]. Ele recusa o inteiro sistema da mitologia, levando o ortodoxo, gradualmente, das histórias mais momentosas, em que todos acreditavam, às mais frívolas, ridicularizadas por todos. De deuses a deusas: de deusas a ninfas: de ninfas a faunos e sátiros. Seu mestre Carnéades recorrera ao mesmo método de raciocínio[101].

Em geral, são duas as principais e mais relevantes diferenças entre uma religião *mitológica tradicional* e uma religião *escolástica sistemática*. Aquela é frequentemente mais razoável, consistindo de uma multidão de histórias infundadas que não implicam, entretanto, nenhum absurdo expresso, nenhuma contradição demonstrativa, e assenta-se tão bem e confortavelmente no espírito dos homens que, mesmo sendo universalmente aceita, felizmente não impressiona a fundo nem as afecções nem o entendimento.

---

[97] Cícero, *Pro Cluêncio*, LXI, 171.
[98] Salústio, *A conjuração de Catilina*, LI, 16-20.
[99] Cícero, *Tusculanas*, I, 5-6; Sêneca, Carta 24; e Juvenal, *Sátira*, II, 49ss., sustentam que não haveria garoto ou velhota tão ridícula que acreditasse no que os poetas dizem de um estado futuro. Mas, se fosse assim, Lucrécio não enalteceria seu mestre por nos ter livrado desses terrores. Talvez os homens de então tivessem uma disposição como a de Céfalo em Platão, *República*, I, 330 d, que, quando jovem e saudável, ridicularizava essas histórias, mas, depois de velho doente, passou a recear que fossem verdadeiras. É algo usual também nos dias de hoje.
[100] Cícero, *Da natureza dos deuses*, III. [N.T.]
[101] Sexto Empírico, *Contra os físicos*, I, 182-90.

Seção XIII
Concepções ímpias da natureza divina em ambos os gêneros de religião popular

A primeira religião dos homens desperta principalmente da temerosa ansiedade em relação a acontecimentos futuros, e não é difícil entrever que ideias naturalmente têm, de poderes invisíveis e desconhecidos, homens submetidos a apreensões desoladoras. Imagens de vingança, severidade, crueldade e malícia concorrem para intensificar o soturno horror que oprime o assustado carola. O pânico se apodera da mente e a fantasia multiplica os objetos de terror, enquanto a profunda escuridão, ou pior, a trêmula luz que nos circunda, representa divindades espectrais com os piores aspectos imagináveis. Toda ideia de maldade e perversão que ele possa moldar, o aterrorizado e inescrupuloso devoto atribui à sua deidade.

Assim se mostra o estado natural da religião, quando contemplado a essa luz. Por outro lado, se considerarmos o espírito de encômio e louvor, indispensável a toda religião, por ser consequente aos terrores, é de esperar que venha a prevalecer outro sistema teológico diferente desse. Cada virtude, cada excelência que se atribui à divindade, por exagerada que seja, parece insuficiente para dar conta das perfeições desta. Uma versão qualquer de panegírico que se invente é adotada, sem que se consultem argumentos ou fenômenos: considera-se suficiente que propicie ideias ainda mais magníficas do objeto divino de louvor e adoração.

Há aqui uma contradição entre os diversos princípios da natureza humana que compõem a religião. Terrores naturais oferecem a noção de uma deidade diabólica e maliciosa: pela propensão ao elogio, reconhecem os homens que ela é excelente e divina. A influência desses princípios opostos varia de acordo com a situação peculiar do entendimento humano.

Nações extremamente bárbaras e ignorantes, como africanos, indianos e mesmo japoneses, não conseguem formar uma ideia de conhecimento e poder extensivos; cultuam, por isso, um ser reconhecidamente perverso e detestável, ainda que talvez tenham a precaução de não pronunciar esse juízo em público ou no templo, onde certamente ele seria reprovado.

Os idólatras não hesitam em adotar ideias rudimentares de divindades imperfeitas. Pode-se afirmar que sequer os gregos permaneceram imunes a elas. Xenofonte observa[102], em louvor de Sócrates, que o filósofo não assentia à opinião vulgar, segundo a qual os deuses saberiam certas coisas, mas ignorariam outras; sustentava que sabiam tudo o que era feito, dito ou pensado. Como esse registro filosófico[103] excedesse, porém, a concepção de seus compatriotas, não surpreende que censurassem, em livros e na conversação, as mesmas deidades que cultuavam nos templos. Observa-se que Heródoto, em muitas passagens, atribui aos deuses *inveja*, sentimento que é, de todos, o mais apropriado a uma natureza vil e diabólica. Os hinos pagãos, entoados em cultos públicos, traziam apenas epítetos de louvor, apesar das detestáveis e bárbaras ações que atribuíam aos deuses. Quando o poeta Timóteo recitou um hino a Diana em que enumerava, em raptos de elogio, as ações e atributos dessa cruel e caprichosa deusa, ouviu de um dos presentes: "Que vossa filha seja como a deidade que celebrais!"[104].

Na exaltada ideia que têm de uma divindade, os homens aprimoram antes a noção de seu poder e conhecimento que de sua bondade; e seus terrores são tão maiores, quanto mais poderosa

---

[102] Xenofonte, *Memorabilia*, I, 1, 19.
[103] Os antigos consideravam um extraordinário paradoxo filosófico que a presença dos deuses não se confinasse aos céus, mas se estendesse por toda parte. Luciano, *Hirmotimus*, 81.
[104] Plutarco. *Moralia*, II, "Superstição", 10, 170 a-b.

e onisciente a concebem. Acreditam que é impossível se furtar ao escrutínio divino, e que os mais íntimos recessos de seu coração estariam expostos à divindade; cautelosos para não formarem um sentimento de expressa censura ou desaprovação, são todos aplauso, rapto e êxtase. E, embora suas sinistras apreensões os façam atribuir à divindade padrões de conduta que seriam altamente censuráveis em criaturas humanas, continuam a afetar admiração pela conduta do objeto de sua devoção. Pode-se afirmar que as religiões populares, na concepção de seus devotos mais vulgares, são uma espécie de demonismo. Quanto mais exaltam o poder e a onisciência da deidade, mais deprimem sua bondade e benevolência, apesar dos epítetos de louvor que, temerosos, dedicam a ela. As palavras dos idólatras podem ser falsas e desmentir uma opinião secreta; mas, entre os carolas mais exaltados, a falsidade da opinião desmente o alegado sentimento interno. O coração detesta em segredo as práticas de cruel e implacável vingança: o juízo não ousa senão pronunciá-las perfeitas e adoráveis. A aflição da luta interior agrava ainda mais outros terrores, que assolam eternamente as desgraçadas vítimas da superstição.

Luciano[105] observa que um jovem que lê a história dos deuses em Homero ou em Hesíodo e vê celebradas facções, guerras, injustiças, incestos, adultérios e outras imoralidades, surpreende-se ao retornar ao mundo e observar que a lei inflige punições às mesmas ações que fora ensinado a atribuir a seres superiores. Talvez ainda mais acentuada seja a contradição entre as representações que nos oferecem religiões mais recentes e as ideias naturais de generosidade, imparcialidade, clemência e justiça. Em proporção aos múltiplos terrores dessas religiões, multiplicam-se as concepções bárbaras da divindade[106]. Apenas

---

[105] Luciano. *Menipo*, 3.
[106] O divino Baco é representado pela mitologia pagã como o inventor da dança e do teatro. Peças de teatro eram, na Antiguidade, parte constante do culto público nas ocasiões

mais solenes, e era frequente que fossem encenadas, em períodos de pestilência, para aplacar a fúria das deidades. Em épocas mais recentes, foram zelosamente proscritas pelos mais crédulos. De acordo com um erudito teólogo, a casa de espetáculos é a porteira do inferno. Para mostrar com evidência que uma religião poderia representar a divindade numa luz ainda mais imoral e mais desagradável do que os antigos, citaremos uma longa passagem de um autor de gosto e imaginação, que certamente não foi inimigo da cristandade. Trata-se do cavalheiro Ramsay, cuja inclinação para a ortodoxia era tão louvável, que sua razão nunca considerou que houvesse dificuldade nas doutrinas em relação às quais os livres-pensadores mostram mais reservas: a trindade, a encarnação e a redenção. Apenas sua humanidade (qualidade que parece ter tido em abundância) rebelou-se contra as doutrinas da condenação eterna e da predestinação. Ele se exprime nas seguintes palavras: "Que ideias estranhas não teria de nossa religião um filósofo indiano ou chinês, se fosse julgá-la pelos esquemas dos modernos livres-pensadores e dos farisaicos doutores de algumas seitas! De acordo com o odioso e vulgar sistema de incrédulos zombeteiros e de crédulos escreventes, o Deus dos judeus é um ser cruel, injusto, parcial e fantástico. Há cerca de seis mil anos, ele teria criado um homem e uma mulher, instalando-os num belo jardim na Ásia, do qual não restaria vestígio. Encontrava-se nesse jardim toda sorte de árvore, de fonte, de flores. Deus teria permitido que consumissem todos os frutos desse jardim, exceto por um, plantado bem no centro, que teria a virtude secreta de preservá-los em contínuo estado de saúde e vigor, de corpo e mente, de exaltar seus poderes naturais e torná-los sábios. Mas o diabo, tendo entrado no corpo de uma serpente, teria sugerido à mulher que comesse o fruto proibido; esta, por sua vez, teria persuadido seu marido a fazer o mesmo. Para punir essa ingênua curiosidade, esse natural desejo de vida e de conhecimento, Deus teria não apenas expulsado nossos pais do paraíso, como condenou-os e a sua inteira posteridade à desgraça nesta vida e a maior parte dela à danação eterna — embora as almas dessas inocentes crianças tenham tanta relação com Adão quanto com Nero ou Maomé. Mas, como explicam os fabulistas e mitologistas escolásticos, todas as almas, criadas puras, seriam imediatamente infundidas em corpos mortais quando da formação do feto. Para efetivar o bárbaro e parcial decreto de predestinação e reprovação, Deus teria abandonado todas as nações à escuridão, à idolatria e à superstição, desprovidas de conhecimento ou graça redentora, exceto por uma em particular, que teria escolhido como povo eleito — e logo a mais estúpida, ingrata e pérfida. Deus, porém, após ter mantido, durante quatro mil anos, a maioria dos homens numa condição miserável, teria subitamente se enamorado de outras nações além dos judeus, e teria enviado seu filho ao mundo, em forma humana, para que apaziguasse sua própria ira, satisfizesse sua vingativa justiça e morresse pelo perdão do pecado. Poucas nações teriam ouvido o Evangelho; e todas as que o desconhecem estariam, em sua invencível ignorância, danadas, sem exceção ou remissão. Mas a maioria daqueles que ouviram o Evangelho teriam mudado apenas umas poucas noções especulativas acerca de Deus e de formas de devoção. Em outros aspectos, o grosso dos cristãos seria, em sua moral, tão corrupto quanto o resto da humanidade — se não são mais criminosos e perversos por serem iluminados. Exceto por uns poucos seletos, os demais cristãos estariam condenados, como os pagãos, à eterna danação; o grande sacrifício por eles oferecido seria inócuo e sem efeito; Deus se deleitaria eternamente em seu tormento e em suas blasfêmias; e embora pudesse, com um *fiat*, mudar seus corações, seriam eternamente inconversíveis, pois Deus seria eternamente insatisfazível e irreconciliável. É verdade que isso tudo parece fazer de Deus mais um misantropo de almas do que um amante delas; mais a absoluta necessidade desses princípios para a existência da sociedade pode preservar intactos, em nosso juízo da conduta humana, os genuínos princípios da moral. Se a concepção comum condescende a príncipes um sistema de ética diferente do que regula as pessoas privadas, que dizer de seres superiores cuja natureza nos é inteiramente desconhecida e de cujos atributos não temos ideia alguma? *Sunt superis sua jura*[107]: os deuses têm suas próprias máximas de justiça.

Seção XIV
Influência nociva da religião popular na moral

Eu não poderia deixar de observar aqui um fato digno da atenção dos que escolhem a natureza humana como objeto de investigação. É certo que embora toda religião apresente uma sublime definição verbal da divindade, muitos devotos, talvez a maioria deles, pretendem conquistar o obséquio divino não

---

um tirano vingativo, um impotente e furioso demônio do que um pai espiritual todo-poderoso e beneficente. Mas tudo é um mistério. Deus tem razões secretas e impenetráveis para a sua conduta. Por mais injusto e bárbaro que possa parecer, devemos crer no contrário, pois o que em nós é injustiça, crime, crueldade e malícia, nele é justiça, misericórdia e soberana bondade. Os incrédulos livre-pensadores, os cristãos judaizantes e os doutores fatalistas desfiguram e desrespeitam os sublimes mistérios de nossa fé sagrada; confundem a natureza de bem e mal; transformam as mais monstruosas paixões em atributos divinos; excedem toda blasfêmia pagã, ao atribuírem à natureza eterna, como perfeições, o que promove os mais horrendos crimes entre os homens. Os pagãos, mais grosseiros, contentam-se em divinizar a luxúria, o incesto, o adultério; os doutores da predestinação divinizaram a crueldade, a ira, a fúria, a vingança e os vícios mais sinistros". *Philosophical principles of natural and revealed religion*, 1748, II, 401. O mesmo autor diz alhures que não seriam melhores o esquema *arminiano* e o *molinista*. E assim, tendo excluído todas as seitas cristãs consagradas, vê-se obrigado a apresentar um sistema próprio, um gênero de *origenismo* que supõe a preexistência da alma, dos homens bem como dos animais, e a eterna salvação e conversão de todos os homens, animais e demônios. Mas essa noção é peculiar a ele, e não precisa ser discutida aqui. Penso que as opiniões desse autor são muito curiosas; mas nem por isso pretendo julgar se são justas.

[107] Ovídio, *Metamorfoses*, IX, 499 ("São-lhes próprias as suas leis").

com a virtude e a boa moral, unicamente aceitáveis para um ser perfeito, mas com rituais frívolos, zelo destemperado, raptos de êxtase, crença em opiniões absurdas e misteriosas. A última parte do *Sadder*[108] é a menos observada, pois consiste, como o *Pentateuco*, de preceitos morais. Os antigos romanos, quando os acometia a peste, nunca atribuíam o sofrimento aos seus próprios vícios, nem lhes passava pela cabeça se arrepender ou corrigir-se. Não ponderavam que haviam pilhado e saqueado o mundo inteiro, ou que, por ambição e avareza, haviam devastado a terra, reduzindo opulentas nações à carência e mendicância. Se criaram um ditador[109], foi unicamente para apaziguar sua incensada deidade.

Formou-se na Égina uma facção que conspirou para assassinar setecentos concidadãos de maneira bárbara e traiçoeira. Sua fúria foi tamanha que um mísero fugitivo, abrigado no templo, teve cortadas as mãos com que se agarrava aos portões, e, uma vez fora do solo sagrado, foi imediatamente morto. "Com essa impiedade", diz Heródoto[110], mais do que com outros assassinatos, "ofenderam os deuses e contraíram uma culpa inexpugnável".

Se supusermos algo que nunca aconteceu — que se encontrasse uma religião popular que declarasse expressamente que a moral é suficiente para o obséquio divino e dispusesse de uma ordem de sacerdotes para inculcar essa opinião, em sermões diários, com todos os artifícios de persuasão —, mesmo assim, os preconceitos do povo são tão inveterados, que, na falta de outra superstição, os homens tomariam o comparecimento aos sermões como o traço essencial da religião, em vez da virtude e da boa moral. O sublime prólogo das leis de Zaleuco[111] não inspirou nos Lócrios, ao que

---

[108] Ritual da religião hebraica. [N.T.]
[109] Chamado *dictator clavis figendae causa*. Tito Lívio, *História de Roma*, VII, 3, 3.
[110] Heródoto, *História*, VI, 91.
[111] Deodoro Sículo, *Biblioteca de história*, XII, 20-21.

saibamos, noções melhores que as de outros gregos, quanto ao que seria necessário para o obséquio divino.

Se essa observação vale universalmente, nem por isso é mais fácil explicá-la. Não é suficiente observar que em toda parte o povo degrada suas deidades, tornando-as semelhantes a si mesmos e considerando-as como espécies de criaturas humanas, apenas mais poderosas e inteligentes. A dificuldade permanece, pois *nenhum* homem que julgue com a razão natural seria tão estúpido a ponto de não considerar que virtude e honestidade são as mais valiosas qualidades que se pode ter. Se é assim, por que não atribuem os mesmos sentimentos à deidade? Por que sua religião inteira, ou ao menos a parte principal dela, não consiste nessas consecuções?

Tampouco é satisfatório alegar que a moral é rejeitada por ser uma prática mais árdua que a superstição. Sem mencionar as penitências excessivas dos brâmanes e dos talapoins, é suficiente lembrar o radamã dos turcos, período em que os pobres diabos passam dias a fio sem comer nem beber, da aurora ao poente, durante os meses mais quentes do ano, num dos climas mais tórridos do planeta. Essa prática me parece mais severa do que qualquer dever moral, mesmo para os mais viciosos e depravados. As quaresmas russas e a austeridade de alguns católicos romanos parecem mais desagradáveis do que a brandura e a benevolência. Toda virtude a que um mínimo de prática acostuma os homens é agradável: toda superstição é sempre um fardo detestável.

A seguinte explicação talvez resolva essa dificuldade de uma vez por todas. Os deveres que um homem cumpre como amigo ou como pai parecem obrigações referentes apenas à parte beneficiada ou à prole, com os quais não poderia faltar sem romper todos os laços de natureza e moral. Uma forte inclinação pode incitá-lo a cumprir esses deveres; um sentimento de ordem e beleza moral reforça os laços naturais; e o homem inteiro, se verdadeiramente virtuoso, é compelido ao dever, sem esforço ou empenho ulterior. Mesmo no caso das virtudes mais austeras, fundadas na reflexão, tais como espírito público, dever filial, temperança e integridade, a obrigação moral não inclui, em nossa apreensão, aspiração a mérito religioso, e considera-se a conduta virtuosa como obrigação devida somente à sociedade e a nós mesmos. Em nada disso o homem supersticioso encontra algo que se cumpra em nome de sua deidade, ou que possa recomendá-lo distintamente ao obséquio e à proteção divina. Sem considerar que o método mais genuíno de servir a divindade é promover a felicidade de suas criaturas, ele roga ao ser supremo um privilégio imediato que mitigue os terrores que o assolam. Qualquer prática que lhe seja recomendada, especialmente se não servir a propósito algum ou se oferecer forte oposição a inclinações naturais, será tão mais prontamente adotada quanto mais motivos recomendarem sua total rejeição: parecerá tão mais religiosa, por ser mais imune à mistura de qualquer outro motivo ou consideração. Se, em nome dela, sacrifica a própria tranquilidade e conforto, ele reclama um mérito proporcional à sua devoção e zelo. Em sua opinião, não seria uma obrigação divina quitar um empréstimo ou pagar um débito: ações justas são o mínimo que se espera de cada um, e muitos agiriam justamente, mesmo que não existisse um deus. Mas jejum e penitência se referem diretamente ao serviço divino. Nenhum outro motivo poderia levar o supersticioso a adotar algo tão severo. Com essas mostras distintas de devoção, ele espera conquistar o privilégio divino, e, como recompensa para seus atos, obter proteção e segurança neste mundo, felicidade eterna no próximo.

Por serem muitos os exemplos de crimes compatíveis com a piedade e a devoção supersticiosas, é melhor não querer realizar inferências a partir da moral um homem fervoroso e estrito em sua prática religiosa, por mais sincero que pareça. Pode-se observar que as piores espécies de calamidade são muito aptas a produzir terrores supersticiosos e a incrementar a paixão religiosa. Bomílcar, tendo conspirado para assassinar os senadores de Cartago e atentar contra as liberdades de seu país, perdeu-se ao dar ouvidos a presságios e profecias. "Os que cometem os piores e mais perigosos feitos são comumente os mais supersticiosos", nota um historiador antigo[112]. Devoção e fé espiritual aumentam com o medo. Catilina não se contentou com as deidades estabelecidas e os ritos consagrados da religião nacional; seu terror levou-o a novas invenções no gênero[113], com as quais não poderia sonhar se fosse um bom cidadão, obediente às leis de seu país.

Cometido o crime, despertam remorsos e horrores inauditos, que assolam a mente e a constrangem a recorrer a ritos e cerimônias religiosas para expiar os próprios desagravos. Tudo o que debilite ou desordene o molde interno promove o interesse da superstição: nada é mais destrutivo para ela do que a máscula e sólida virtude, que nos preserva de acidentes desastrosos e melancólicos ou nos ensina a suportá-los. Enquanto a mente reluz sóbria, não surgem espectros de falsa divindade. Entregues às sugestões naturalmente indisciplinadas de nosso tímido e ansioso coração, atribuímos ao ser supremo, pelo terror que nos acomete, todo gênero de barbaridade, e, pelos métodos que adotamos para apaziguá-lo, todo gênero de capricho. Barbaridade e capricho, disfarçados sob outros nomes, são qualidades universalmente observáveis, em religiões populares, no caráter da deidade. E os sacerdotes, em vez de corrigirem as depravadas ideias dos homens, são, como muitas vezes se vê, os primeiros a estimulá-las e fomentá-las.

---

[112] Deodoro Sículo, *Biblioteca de história*, XX, 43.
[113] Cícero, *Primeiro discurso contra Catilina*; Salústio, *A conjuração de Catilina*, 22.

Quanto mais tremenda a representação da divindade, mais dócil a submissão dos homens aos ministros; quanto mais inexplicáveis as práticas de recomendação, mais renunciam à razão natural em troca de orientação e direção espiritual. É forçoso reconhecer, portanto, que se os artifícios dos homens agravam as naturais enfermidades e tolices do gênero, não são eles que as geram; sua raiz na mente é mais profunda, brotam de propriedades essenciais e universais da natureza humana.

Seção XV
Corolário geral

Por mais que a estupidez de homens bárbaros e ignorantes seja tão grande que não lhes permita ver um soberano autor nas obras mais óbvias da natureza, parece impossível que os de entendimento saudável possam rejeitar a sugestão dessa ideia. Em toda parte é evidente um propósito, uma intenção, um desígnio; e, se tivermos uma compreensão que contemple o primeiro despertar desse sistema visível, deveremos adotar, com a mais poderosa convicção, a ideia de um autor ou causa inteligente. Também as máximas uniformes que predominam na moldura do universo nos levariam a conceber naturalmente, senão inevitavelmente, uma inteligência una e indivisa, não fosse a oposição dos preconceitos da educação a uma teoria tão razoável. Mesmo as contrariedades que se descobrem por toda parte na natureza provam um plano consistente e estabelecem um único propósito e intenção, por mais inexplicável e incompreensível que seja.

Bem e mal se misturam e confundem-se universalmente: felicidade e desgraça, sabedoria e tolice, virtude e vício. Nada é puro, nem inteiramente consequente: toda vantagem é acompanhada de uma desvantagem; uma compensação universal predomina em toda condição de existência e de ser; e nossos anseios mais quiméricos não poderiam formar a ideia de uma situação ou estação inteiramente desejável. Cada porção de vida, de acordo com a ficção do poeta, é uma mistura dos líquidos que estão nos vasos nas mãos de Júpiter; e, se recebemos uma porção sem mistura, é do vaso que está na mão esquerda[114].

Quanto mais requintado o bem de que temos uma pequena amostra, mais pungente o mal correspondente a ele. Não se nota exceção a essa lei uniforme da natureza. O engenho mais sagaz beira a loucura; o júbilo mais efusivo produz a mais profunda melancolia; aos prazeres mais estonteantes se seguem lassidão e desgosto cruéis; as esperanças mais promissoras dão lugar ao mais severo desapontamento. Em geral, nenhum curso de vida é tão seguro (pois não devemos sonhar com a felicidade) quanto o temperado e moderado, que nos mantém, na medida do possível, indiferentes e como que insensíveis a todas as coisas.

O bom, o grande, o sublime e o arrebatador predominam nos genuínos princípios de teísmo; da mesma maneira, é de esperar da analogia da natureza que se descubram o baixo, o vil, o absurdo e o cruel nas quimeras e ficções religiosas.

A propensão universal à crença num poder inteligente invisível, se não é um instinto original, é ao menos uma constante geral na natureza humana, e tal que pode ser considerada como um gênero de marca ou de estampa que o artífice divino teria imprimido em sua obra. Nada é mais digno para o homem do que ter sido eleito, de todas as partes da criação, a que deve portar a imagem ou impressão do criador universal. Consultai, porém, a aparência dessa imagem nas religiões populares ao redor do mundo: Quão desfigurada não é, em nossas representações, a deidade! Quanto

[114] Homero, *Ilíada*, XXIV, 528-33. [N.T.]

capricho, absurdo e imoralidade não lhe atribuímos! Quão degradada ela não parece, comparada ao caráter que na vida comum naturalmente atribuímos ao homem sensato e virtuoso!

Que nobre privilégio o da razão humana, o de conhecer o ser supremo, e inferir, das obras visíveis da natureza, um princípio tão sublime como um supremo criador! E o reverso da moeda? Examinai a maioria das nações, a maioria das épocas, os princípios religiosos que de fato prevalecem no mundo, e dificilmente vos persuadireis de que seriam mais do que delírios de um homem doente; ou talvez os considereis antes como extravagância de macacos com aspecto humano do que como afirmações sérias, positivas e definitivas de um ser digno do epíteto *racional*.

Ouve os protestos verbais de todos os homens: nada é mais certo que os seus credos religiosos. Examinai suas vidas: mal pensareis que os invistam nelas.

O maior e mais verdadeiro zelo não nos protege contra a hipocrisia: contrição e pavor inauditos acompanham a mais franca impiedade.

Não há absurdo teológico tão óbvio que não possa adotado por um homem de entendimento minimamente cultivado: não há preceito religioso tão rigoroso que não possa ser adotado pelo mais voluptuoso e desleixado dos homens.

A ignorância é a mãe da devoção. A experiência geral confirma essa máxima proverbial. Buscai por um povo sem nenhuma religião; se o encontrardes, certamente estará pouco acima dos animais.

Haveria algo mais puro do que a moral de certos sistemas teológicos, ou mais corrupto do que certas práticas geradas por esses sistemas?

A reconfortante perspectiva exibida pela crença numa vida futura é arrebatadora e deleitosa; mas se desfaz ante os terrores que dominam a mente de maneira mais firme e duradoura.

O todo é uma incógnita, um enigma, um mistério inexplicável. Dúvida, incerteza e suspensão de juízo parecem ser os únicos resultados do nosso mais acurado escrutínio desse objeto. Mas a fragilidade da razão humana é tamanha, e a cogitação da opinião é tão irresistível, que nem mesmo a dúvida deliberada poderia se sustentar, se não ampliássemos nossa visão, e, opondo em querela uma espécie de superstição à outra, não buscássemos refúgio, em meio à furiosa contenda, nas tranquilas, porém nebulosas paragens da filosofia.

CADASTRO
ILUMINURAS

Para receber informações sobre nossos lançamentos e promoções envie e-mail para:

cadastro@iluminuras.com.br

Este livro foi composto em *Minion Pro* e terminou de ser impresso nas oficinas da *Meta Brasil Gráfica*, em Cotia, SP, sobre papel off-white 80g.